律师函的写作与使用技巧

梁永军　主编

中国海洋大学出版社

·青岛·

图书在版编目（CIP）数据

律师函的写作与使用技巧／梁永军主编．—青岛：
中国海洋大学出版社，2019.9（2022.3 重印）
ISBN 978-7-5670-2365-9

Ⅰ．①律…　Ⅱ．①梁…　Ⅲ．①律师－法律文书－写作
－中国　Ⅳ．① D926.13

中国版本图书馆 CIP 数据核字（2019）第 190333 号

出版发行	中国海洋大学出版社
社　　址	青岛市香港东路 23 号　**邮政编码**　266071
出 版 人	杨立敏
网　　址	http://pub.ouc.edu.cn
订购电话	0532－82032573（传真）
策划编辑	韩玉堂　　　　　　　　**电　　话**　0532－85902349
责任编辑	赵　冲
印　　制	青岛国彩印刷股份有限公司
版　　次	2019 年 10 月第 1 版
印　　次	2022 年 3 月第 3 次印刷
成品尺寸	140 mm ×203 mm
印　　张	6
字　　数	150 千
印　　数	2501－3500
定　　价	38.00 元

发现印装质量问题，请致电 0532-58700166，由印刷厂负责调换。

法治大道必作于细

——为梁永军律师新书序

很高兴应邀为我的同事梁永军律师的新书做序。该书梳理归纳了律师函的写作技巧、律师函的签发流程及注意事项，并提供了较为全面的律师函范文，博而不繁，详而有要，着实是一本比较实用的工具书，相信本书的出版能为律师在签发律师函时提供有益的指导和借鉴。

19世纪俄国著名画家列宾说过，灵感不过是顽强的劳动而获得的奖赏。同样，本书也凝结了梁永军律师长达20年的从业经验。书痴者文必工，艺痴者技必良，梁永军律师先后毕业于中国政法大学研究生院法学第二学位班及民商法专业硕士研究生班，1999以来一直从事法律工作，主要业务领域为金融保险、投融资、政府及企事业法律顾问、职务犯罪的刑事辩护等，涉猎领域广泛而不失精深。法律条文卷帙浩繁，法律关系盘根错节，市场竞争日益激烈，律师行业无疑是一个快节奏、高压力的行业，梁永军律师能在纷繁复杂的工作中潜心梳理、著书立说，实在难能可贵。

拿破仑曾说，我真正的光荣并非打了20多次胜仗，滑铁卢之战抹去了关于一切的记忆。但是有一样东西是不会被人忘记的，那就是我的《民法典》。不是每个人都有机会像拿破仑一样开天辟地、创制巨典，但是作为一名法律职业者，法律之要义不止于创设，更在于运用和普及，更在于实践中对公平和正义的孜孜追求。天下大事必作于细，在依法治国的时代大潮中，能够像梁永军律师一样尽己所能，输出实用、可复制的标准化法律服务范式，亦是一种积极参与法治进程的有益方式。

康桥文化是康桥所的立所根本。作为康桥大家庭的一员，梁永军律师积极响应康桥所一贯倡导的"重视年轻律师培养"的办所理念，主动与青年律师合作，并呼吁全所给予年轻律师更多的关注和机会；梁永军律师讲求专业至上，是在业务上做精做强、做勤于探索的学者型律师，为年轻律师树立了典范；梁永军律师践行"坚守、责任、包容、奉献"的核心价值观和"自强不息、厚德载物、以人为本"的康桥文化内涵，有梦想、有激情，具有对康桥文化愿景的共同追求，以自己的身体力行助力康桥模式。

康桥所坚持以业务立身，以品牌立足，始终高度重视法律研究与法治教育，鼓励所内律师积极在自己的专业方向上岗深入研究，成为本专业领军人才。近年来，康桥不仅成立了法治研究院，还与山东大学法学院积极合作，开办"康桥大讲堂"，鼓励有经验的律师著书立说，将办案经验和心得体会系统化并总结成书。本书将作为康桥法治研究系列丛书的第一本，既作为本所律师的执业参照，也能为业界同仁提供一定的借鉴。

大法官霍姆斯说，法律的生命不在于逻辑，而在于经验。欲使法律之树长青，仅靠自然理性远远不够，还有赖于每一位法律人在实践中不断总结、上下求索。期待更多康桥人勇于担当、乐于奉献,期待康桥在法治研究领域不断探索与突破。

是为序。

张巧良

2019 年 7 月 9 日于济南

　　律师函业务是律师基本功之一,更是律师业务的基本表现形式之一。尤其是随着近几年我国法治建设的加强,公众的法律意识逐渐增强,运用法律武器保护自己的合法权益也成为众多人在权利遭受侵害时的正确选择。这其中,律师函由于具有简单、高效、低成本的优点而成为维权方式的首选之一。目前,国内法律学界和实务界对律师函的研究较少,也没有针对律师函的业务指引和操作规范。因此我们特编写本书,将律师函的写作技巧、使用技巧与范文汇编整理,以期待与同行交流,并且为律师文书规范化、标准化工作增砖添瓦,当然这更是自我的积累。

　　本书包括六章,分别是律师函概述、律师函的制作指引、常用律师函的范文、律师函与律师声明的区别、收到律师函后的做法以及律师函的收费建议。

　　第一章律师函概述,首先给出了律师函的定义、本质及特点,其次介绍了律师函的作用、应用场景及分类,以便读者能够了解律师函的基本含义,掌握律师函的基本用途。

　　第二章首先根据律师函内容的一般要求及其必备格式,提供了律师函的参考样式;其次全面系统地阐述了律师函的撰写要求及应当遵守的原则和应注意的事项。该部分内容具有全面性、系统性和针对性,可以帮助律师在实务操作中规避风险,加速提高律师函制作技能,对律师签发律师函起到一定的指导和借鉴作用。

第三章汇总了在网站、微信公众号、新闻媒体等公共资源公开的涉及的婚姻家庭纠纷、侵犯人身权、合同纠纷、知识产权侵权、公司业务、劳动争议、医疗纠纷等十个类型共计约五十多篇律师函范文,旨在为律师在签发相关业务律师函时提供参考,查阅使用。

第四章至第六章,分别介绍了律师函与律师声明的区别、律师函的处理方法及律师函的收费建议。律师函与律师声明的区别是很多人都搞不清楚的一个问题,在本书第四部分作者通过基于同一类事件签发的律师函与律师声明的对比,直观地为读者指出律师函与律师声明的区别。除了签发律师函,律师日常遇到的律师函业务还有帮助客户处理收到的律师函,本书第五部分作者提出了辨别律师函真伪以及如何回函的问题,同时也指出律师函侵权的应对方法。律师函的收费是困扰很多律师的一个问题,本书第六部分结合相关法律规定,针对律师函的收费提出了建议。

作为一本较为全面介绍律师函的书籍,本书在一定程度上弥补了目前法学界与实务界忽略律师函的现状,相信本书将会为律师同仁制作签发律师函提供帮助。

CONTENTS **目 录**

第一章
律师函概述

一、律师函的定义

律师函，又称律师信，是指执业律师接受客户委托就相关事实或法律事项进行披露、评价，进而提出要求以达到一定效果而制作、发送的专业法律文书。

根据《中华人民共和国律师法》（2012）第28条第7项的规定，"解答有关法律的询问、代写诉讼文书和有关法律事务的其他文书"的业务是律师可以从事的业务。因此，律师根据委托人提供的资料，从事律师函的撰写，是法律许可的执业行为。

二、律师函的本质及特点

（一）律师函的本质

律师函是律师对某一事实进行法律评价和风险估计，目的在于以法律尺度和律师的判断，对送达对象晓之以法律事实，动之以利弊得失，让送达对象得出自己的"法律评价"，即"传法达意"。因此律师函的本质是一种委托代理进行意思表示的法律行为，简言之，就是将委托人的意思表示进行法律加工并传送,以期达到委托人预期的宣示、说服、询问、答复、心理强制等功能。律师函的本质存在两层法律关系,一是律师与委托人之间的授权委托关系,这一层面是核心的法律关系;二是律师与受送主体之间的代为函告的法律关系。

(二)律师函的特点

律师函具有如下特征:

一是主体特殊性,发送主体是具有专业知识与技能的执业律师,但本质上是委托人的意思表示。

二是目的明确性,律师函一般用于明确权利主张、协商和解、调查取证、敦促警示、说明情况等。

三是效果强势性,委托人的意思表示通过律师事务所及律师的专业形象并以法律的名义进行表达,给发送对象造成心理强制的效果。

四是应用领域广泛性,基本上可以在一切法律业务中使用律师函,因此其适用于范围非常广泛,从诉讼到非诉讼领域,从民事到商事领域等等。

除此之外,律师函具有快速便捷和节省维权成本等特点,与诉讼和行政投诉相比,既不用缴纳相关官费,也节省了启动相应程序需要的高昂和复杂的证据收集费。

三、律师函应用场景

律师函应用场景广泛,总结起来,只要应用场景有以下几种:

一是需要催收的情形已产生。包括催收欠款、催收借款等。在对方欠款到期未支付,或者借款到期未还时,发出催款律师函,可以固定对方违约的事实,告知损失等,一旦将来发生诉讼,作为损失认定的证据。

二是一方发生合同违约的情形(第一种其实也算是违约而产生的)。在交易过程中,对方违约的情形下,应当委托律师向其发出律师函。目的是敦促违约方纠正违约行为,继续履行合同和固定违约事实。

三是受到侵权的事实已发生。使用场景通常是知识产权侵权、名誉权侵权等。当权利人发现侵权行为时,应当第一时间委托律师向侵权者发律师函,以制止侵权行为继续发生。如侵权者收到律师函后,仍然不停止侵权行为,那么就构成恶意侵权,在未来可能产生的诉讼中,会加重其法律责任。

四、律师函的作用

在执业过程中,我们经常会基于各种需求和目的而发出律师函。我们应有意识地充分利用好律师函的作用,争取通过律师函直接解决纠纷,实现委托人的目的,或者通过律师函为日后的诉讼夯实基础,赢得优势和主动。

(一)律师函的一般作用

通常来说,律师函的作用包括:预防和制止某种行为的发生和继续发生,如对侵权行为的制止;敦促某项义务履行,如债务催讨;公示某件事实或权利,如上市公司向股民披露某项事实;在商务谈判中,为澄清事实也可以使用律师函;从诉讼与仲裁的角度讲,巧用律师函还可以起到顺延诉讼时效的效用。具体来说,律师函在一般民事活动中具有以下作用。

1. 律师函具有调查取证的作用

律师经常出现当事人准备起诉却证据不足的情况。为了弥补法律事实的不足,必须事先做好搜集证据、补强证据的准备。接到律师函的当事人多数会给予书面回函或口头答复。这些都可能成为重要的证据或证据线索。正所谓投石问路,甄别证据和打探对方的态度,探听虚实。

2. 律师函具有商洽和解的作用

律师函的和解作用是其主要的用途。通过通知对方在指定期限来人、来函、来电协商的方式来促使双方达成和解协议。

在纠纷发生后,可在诉前通过发律师函晓之于法,动之以情,促成收函方主动接受和解,通过非诉讼的方式化解纠纷。我们在接受当事人的委托后,要根据情况来决定行动步骤。为了试探对方的态度或反应,或者有可能直接通过诉前调解解决纠纷的,就应该考虑发律师函提出当事人的诉求,告知收函方律师的专业预判,要求收函方限期和解并履行。

3. 律师函具有催促警告的作用

通过律师函达到提醒收函人尽快履行约定或者法定义务的作用。例如,可通过发律师函要求收函方自觉履行债务。此时发律师函,一般是以此引起收函方的高度重视,让其考虑一旦通过诉讼方式解决对其的不利后果。比如收函方需要承担诉讼费和利息,面临讼累,败诉后不执行还会面临列入失信人名单,名下财产被财产保全或执行查封,等等。除非收函方对债务是否成立及其金额有较大争议,或者收函方没有偿债能力,预谋恶意逃避债务,一般正常情况下,大部分收函方都会高度重视,配合解决纠纷。

4. 律师函具有通知告知的作用

通过律师函来履行一些法律上的告知或通知义务。比如通知追认无权代理人的代理行为、不安抗辩权的行使、同时履行抗辩权的行使、买卖合同质量异议的提出等等。此时发律师函往往是为了让当事人在日后可能发生的纠纷或已经发生的纠纷中占据主动,固定事实和证据。

我国《合同法》第九十六条规定："当事人一方依照本法第九十三条第二款、第九十四条的规定主张解除合同的,应当通知对方。合同自通知到达对方时解除。对方有异议的,可以请求人民法院或者仲裁机构确认解除合同的效力。"当合同达到解除条件时,可以通过发律师函的方式向对方表达解除合同的意思表示。

5. 律师函具有震慑、吓阻侵权行为的作用

通过发律师函制止不法侵权行为,要求收函方自觉承担赔偿责任。在律师函中告知收函方不自觉停止不法侵权行为和承担赔偿责任的不利后果和面临的麻烦,往往能直接实现当事人的委托目的。

例如,有些媒体为了吸引眼球、达到某些目的,故意对明星、名人、焦点事件等进行歪曲报道,损害了当事人的名誉,为了让媒体有力度地澄清事实,可以委托律师签发律师函,给媒体以正告,责令其澄清事实,赔礼道歉,赔偿损失等。

6. 律师函具有中断诉讼时效的作用

我国《民法总则》第一百八十八条规定:"向人民法院请求保护民事权利的诉讼时效期间为三年。法律另有规定的,依照其规定。"《民法总则》第一百九十五条规定:"有下列情形之一的,诉讼时效中断,从中断、有关程序终结时起,诉讼时效期间重新计算:① 权利人向义务人提出履行请求;② 义务人同意履行义务;③ 权利人提起诉讼或者申请仲裁;④ 与提起诉讼或者申请仲裁具有同等效力的其他情形"。

据此,在发生的纠纷没有提起诉讼与仲裁之前,通过发律师函,提出权利主张,可以起到中断诉讼时效的作用。尤其是在有些情况下,当事人碍于面子、经济困难等各种原因,不能下决心在 3 年内起诉,为了不放弃自己的利益,可以委托律师

签发律师函,以中断时效,保留起诉胜诉机会。

以下是最高院的一个典型案例,真实地诠释了律师函的价值和意义,因为这封律师函起到了诉讼时效中断的作用。

再审申请人林某某因与被申请人卢某某等人民间借贷纠纷一案,不服福建省高级人民法院(2014)闽民终字第338号民事判决,向最高人民法院申请再审。

卢某某作为债权人,因民间借贷纠纷,主张其曾于2013年1月25日委托律师向林某某发出《律师催款函》,并提供了加盖有泉州顺丰运输有限公司(以下简称顺丰公司)业务专用章的快递单为证。

再审申请人林某某认为《律师催告函》不能作为认定诉讼期间中断的证据,理由有:

首先,快递单的收件地址"石狮市延年路36号"虽与林某某身份证地址一致,但该地址实际为裕丰大厦所在地,并非林某某确切的居住地址。林某某的确切住址为"石狮市延年路36号裕丰大厦701室",该地址证明材料已提交给二审法院并已确认。

其次,该快递单收件人签名一栏也并非林某某本人签名。虽然快递单上写有林水源手机号码,但是卢某某及顺丰公司在一审、二审中并未提供证据证实投递员通过电话联系过林某某确认地址,并由林某某指定其他人员代为签收。

第三,该快递单的托寄物详细资料一栏为空白,并未注明邮寄的物品名称。假设林某某收到该邮件,也不能证实所收到的就是《律师催款函》。

综上,卢某某没有在保证期限届满前向林某某主张权利,林水源依法应免除保证责任。

最高人民法院经审理认为:

因《借据》未就保证期间做出约定,按照《担保法》第二十六条之规定,保证期间应为主债务履行期届满六个月内,据《最高人民法院关于适用〈中华人民共和国担保法〉若干问题的解释》第三十四条第二款之规定,连带责任保证的债权人在保证期间届满前要求保证人承担保证责任的,从债权人要求保证人承担保证责任之日起,开始计算保证合同的诉讼时效。因此,只要卢某某能证明其在保证期间届满前曾向林某某提出承担保证责任的要求,就会产生保证合同诉讼时效中断的法律后果。

依据《最高人民法院关于审理民事案件适用诉讼时效制度若干问题的规定》第十条第二项"当事人一方以发送信件或数据电文方式主张权利,信件或者数据电文到达或者应当到达对方当事人的",应认定为《民法通则》第一百四十条规定的"当事人一方提出要求",从而产生诉讼时效中断的效力。

本案中卢某某虽于 2013 年 3 月 26 日提起本案诉讼,但其主张曾于 2013 年 1 月 25 日委托律师向林某某发出《律师催款函》,并提供了加盖顺丰公司业务专用章的快递单为证。林某某再审申请时主张其事实上没有收到该快件并否认快递单的证明效力。本院认为,快递单上的收件地址"石狮市延年路 36 号"虽并非林某某确切住址"石狮市延年路 36 号裕丰大厦 701 室",但与林某某的身份证标明住址一致。另,快递单上写有收件人林某某有效的手机号码,通常情况下足以使快递员联系到林某某。林某某主张快递单托寄物名称一栏为空白故无法说明投递物品就是《律师催款函》,但目前并无证据证明卢某某与林某某之间存在其他经济往来,且卢某某不仅向林某某寄送了快递,同时也向吴某某、某公司公司寄送有关资料,这三份快递同时寄出,从三方均为卢某某的保证人这一事实看,存在内在的相互关联性。

综上,诉讼时效制度设立的目的是为了督促权利人及时行使权利,只要权利人在法定期间恪尽一定注意义务向义务人提示权利,应认定为已向义务人提出了履行要求,产生诉讼时效中断之效果。本案中卢某某提供的快递单及其载明事项达到了民事证据高度盖然性的要求,足以认定该《律师催款函》"到达或者应当到达对方当事人",可以证明其在保证期间内曾向林某某提出承担保证责任的要求,林某某应当向卢某某承担案涉借款的连带保证责任。

综上,最高院驳回了再审申请人的申请。(参见最高人民法院(2015)民申字第 1051 号判决书)

7. 律师函具有解释评价的作用

可以就某一法律事件或者某一法律行为进行解释说明和客观评价,以达到法律层面上的沟通需要。

8. 律师函具有抗辩回复的作用

针对对方发来的律师函针锋相对地进行抗辩性回复,以达到反驳对方律师函的作用。

9. 律师函具有证据的作用

发送律师函的目的是通过律师表明权利人的主张,对侵权或者违约行为的性质、后果、法律责任等进行法律阐述,使责任人清楚其行为应当承担的法律后果。如果将来确要诉讼,那么,对方收到确有理由的警告而不停止侵权或者违约行为,可以确定侵权具有明知性。

律师出具的律师函一般都是通过邮局挂号信和快递方式,发出后如果对方地址正确却遭拒收视为已经送达。

如果律师函没退回,发函方可通过邮局查询签收信息,双方发生诉讼时,发出的律师函即成为某事项已经经过告知的证据。

10. 律师函具有证明主观恶意的作用

如果权利人曾经发送过警告律师函,侵权人仍然没有停止侵权行为,则极有可能被法院认定为故意侵权。

在一些涉嫌共同侵权(或间接侵权)的场景,主观故意会成为侵权认定的必要考量因素时,可以成为重要证据。

除此之外,律师函在特定领域还有其他作用。

(二) 律师函在特别领域的作用

1. 律师函在知识产权领域的作用

(1) 请求确认不侵权诉讼的起诉条件之一

随着中国知识产权保护的发展,越来越多的专利权人选择通过发送侵权警告律师函方式来阻止他人的侵权行为,这也同样催生了愈发严重的滥发警告函的问题。

为了平衡知识产权权利人和被控侵权人以及社会公众间的利益冲突,《最高人民法院关于审理侵犯专利权纠纷案件应用法律若干问题的解释》(解释)第十八条中规定,"权利人向他人发出侵犯专利权的警告,被警告人或者利害关系人经书面催告权利人行使诉权,自权利人收到该书面催告之日起一个月内或者自书面催告发出之日起两个月内,权利人不撤回警告也不提起诉讼,被警告人或者利害关系人向人民法院提起请求确认其行为不侵犯专利权的诉讼的,人民法院应当受理"。并且,该等规定不仅适用于专利诉讼,也能够比照适用于其他类型的知识产权诉讼。这就是知识产权领域的"请求确认不侵权诉讼",其包括请求确认不侵犯专利权诉讼、请求确认不侵犯商标权诉讼、请求确认不侵犯著作权诉讼。

从《解释》可以看到,提起确认不侵犯专利权诉讼除需要满足《民事诉讼法》的规定以外,还需符合下列条件:

① 专利权利人已经发出侵犯专利权的警告,如律师函、警告函等;

② 被警告人或者利害关系人已经书面催告专利权利人行使诉权;

③ 专利权利人在收到该书面催告之日起 1 个月内或者自书面催告发出之日起两个月内,既不撤回警告也不提起诉讼。

2015 年,北京 A 公司向 B 公司发送律师函称后者制造和销售的"骨科超声手术仪"("涉案产品")侵犯了 A 公司名称为"超声骨科精细手术系统及其复合超声振动手柄"的 20122022×××.× 号实用新型专利等在内的共 4 项专利("涉案专利")。A 公司同时还向 B 公司的若干客户发送了内容基本相同的律师函。B 公司认为其制造和销售的涉案产品与涉案专利技术方案完全不同,A 公司的专利侵权主张没有任何依据。经 B 公司发催告函后,A 公司既不确认 B 公司不侵犯涉案专利又不向法院提起侵权诉讼。B 公司向北京知识产权法院提起诉讼要求确认涉案产品不侵犯涉案专利,并要求 A 公司承担消除影响的侵权责任。

北京知识产权法院于 2016 年 8 月做出一审判决,确认涉案产品不侵犯涉案专利,并且判令速迈公司应当承担消除影响的法律责任。(参见北京知识产权法院(2015)与知民初字第 2125 号判决书)

下附判决书全文：

北京知识产权法院
民事判决书

（2015）京知民初字第 2175 号

原告北京 B 公司，住所地北京市海淀区某某街某号楼。

法定代表人：李某某，董事。

委托代理人：罗某，北京市某律师事务所律师。

委托代理人：王某，北京市某律师事务所实习律师。

原告：江苏 C 公司，住所地江苏省张家港保税区新兴产业育成中心 A 栋一楼、四楼。

法定代表人：马某，总经理。

委托代理人：罗某，北京市某律师事务所律师。

委托代理人：雷某，北京市某律师事务所律师。

被告：北京 A 公司，住所地北京市海淀区中关村东路 1 号院 8 号楼 B601 室。

法定代表人：张某某，董事长。

委托代理人：宋某某，北京某知识产权代理事务所（普通合伙）专利代理人。

委托代理人：罗某某，男，1974 年 8 月 23 日出生，北京 A 公司员工。

原告北京 B 公司（简称 B 公司）、C 公司诉被告 A 公司确认不侵害专利权纠纷一案，本院于 2015 年 12 月 3 日受理后，依法组成合议庭，指派技术调查官陈存敬参与诉讼，于 2016 年 6 月 23 日公开开庭审理了本案。原告 B 公司的委托代理人罗某、王某，原告 C 公司的委托代理人罗某、雷某，被告 B 公司的委托代理人宋某某、罗某某到庭参加了诉讼。本案现已审理终结。

B公司与C公司起诉称：2015年9月，A公司向B公司发送律师函称北京水木天蓬医疗公司制造和销售的"骨科超声手术仪"(简称涉案产品)侵犯了A公司名称为"复合振动的超声骨骼手术仪"的2041×××号发明专利(简称"涉案专利")。A公司同时还向原告的若干客户发送了内容基本相同的律师函。两原告认为其制造和销售的涉案产品与涉案专利技术方案完全不同，A公司的专利侵权主张没有任何依据。经原告发催告函后，A公司既不确认原告不侵权又不向法院提起侵权诉讼。故请求法院判令：1.确认两原告制造、销售、许诺销售的XD860A骨科超声手术仪产品，不侵犯北京速迈医疗公司的2004×××号发明专利；2.请求被告消除发出侵权警告行为所带来的影响，具体方式为在被告网站上做出说明，维持15天，并向收到被告侵权警告函的我方客户发送诉讼说明函。

A公司答辩称：我公司未向C公司发送律师函，C公司不是本案适格的原告；原告未证明其生产的"骨科超声手术仪"是否侵犯了涉案专利，请求法院判令驳回原告的诉讼请求。

本院经审理查明：

一、争议的发生过程

北京B公司和江苏C公司分别是涉案产品的销售商和生产商。A公司是涉案专利的专利权人。2015年9月11日，被告A公司向B公司发送律师函，称B公司生产销售的涉案产品侵犯涉案专利，给其造成重大经济损失，并要求B公司停止涉案产品的生产和销售；采取措施消除因侵犯涉案专利造成的不良影响；致歉并赔偿经济损失。

A公司发警告函的单位包括：北京××医院、北京大学第三医院、积水潭医院、中国人民解放军总医院、中日友好医院、北京朝阳医院、北京世纪坛医院、保定第一中心医院、西安交通大学第一附属医院、第四军医大学西京医院、苏州大学附属第一医院、南方医科大学南方医院。

2015年10月13日，B公司回函称涉案产品未侵犯涉案专利。A公司向B公司及其客户发出虚假侵权警告的行为已经严重侵害了B公司的合法权益。要求A公司立即书面撤回律师函中的所有指控，或将相关侵权争议提交法院解决。

A公司在接到回函后未起诉B公司。B公司于2015年12月3日提起本案确认不侵权诉讼。

二、涉案专利情况

涉案专利为发明专利，专利申请号为2004×××，专利名称为"复合振动的超声骨骼手术仪"。专利申请日为2004年8月3日，授权公告日为2008年6月18日。2015年9月11日，被告A公司向B公司发送律师函时，该专利有一项独立权利要求，即涉案专利独立权利要求1与从属权利要求2～13。

1. 一种复合超声振动的超声骨骼手术仪，包括手柄、安装在所述手柄前端的手术刀具以及超声信号发生器，其中所述手柄的外壳内包括：

超声换能器，所述超声换能器将所述超声信号发生器发出的超声信号转换成超声机械波；

变幅杆，所述变幅杆将发自所述超声换能器的超声机械波进行振幅放大后再传递到所述手术刀具，以使所述手术刀具纵向超声振动；

驱动电机，所述驱动电机设置在所述手柄的后端，并驱动所述换能器和变幅杆旋转或摆动；

适配器,所述适配器设置在所述驱动电机和换能器之间,用于将所述超声信号发生器发出的超声电信号提供至所述换能器。

三、涉案产品情况

涉案产品名称为"骨科超声手术仪",该产品于2014年6月19日经国家食品药品监督管理总局准许注册,产品的型号、规格为"XD860A"。该涉案产品由主机、脚踏开关、附件组成,其中附件包括手柄及手柄导线、刀头、刀头扳手、液流管套。超声输出额定频率为39 kHz,刀头尖端主振幅80 ± 40 μm,尖端横向振幅小于20 μm。该涉案产品适用于脊柱外科、神经外科、手足外科中对骨组织进行切割和整形。该涉案产品的手柄中并未设置使手术刀具摆动的结构,涉案产品的手柄无摆动,无高速转动;刀具仅保持微小的纵向振动;振动的过程是伸缩式的,中间不产生旋转。

四、涉案产品与涉案专利的勘验比对情况

庭审过程中对涉案产品与涉案专利进行了勘验比对,具体情况如下:

涉案专利(ZL2004×××),涉案产品(XD860A骨科超声手术仪)。涉案专利独立权利要求1一种复合超声振动的超声骨骼手术仪,包括手柄、安装在所述手柄前端的手术刀具以及超声信号发生器,其中所述手柄的外壳内包括:超声换能器,所述超声换能器将所述超声信号发生器发出的超声信号转换成超声机械波;变幅杆,所述变幅杆将发自所述超声换能器的超声机械波进行振幅放大后再传递到所述手术刀具,以使所述手术刀具纵向超声振动;驱动电机,所述驱动电机设置在所述手柄的后端,并驱动所述换能器和变幅杆旋转或摆动;适配器,所述适配器设置在所述驱动电机和换能器之间,用于将所述超声信号发生器发出的超声电信号提供至所述换能器。在庭审过程中通过勘验涉案产品及其工作过程,以及勘验与该手术仪上连接的型号为 XDF 01838 的超声手柄型号相同的拆开的超声手柄,未发现涉案产品的型号为 XDF 01838 的超声手柄中包含"摆动结构",也未发现其超声手柄具有"摆动功能"。涉案产品手柄无摆动,无高速转动,刀具仅保持微小的纵向振动,振动的过程是伸缩式的,中间不产生旋转。涉案产品不包含涉案专利权利要求 1 中的特征"驱动电机,所述驱动电机设置在所述手柄的后端,并驱动所述换能器和变幅杆旋转或摆动"。涉案产品不包含涉案专利权利要求 1 中的特征"适配器,所述适配器设置在所述驱动电机和换能器之间,用于将所述超声信号发生器发出的超声电信号提供至所述换能器"。

上述事实,有《律师函》《律师回函》、涉案专利登记簿副本、涉案专利说明书、涉案产品说明书,当事人陈述等在案佐证。

本院认为:

当事人起诉要求确认不侵权和消除影响。当事人的诉求能否得到支持,取决于该案的定性。具体阐述如下:

一、确认不侵犯专利权诉讼的性质与裁判的一般规则

《最高人民法院关于审理侵犯专利权纠纷案件应用法律若干问题的解释》(简称侵犯专利权纠纷司法解释)第十八条规定:权利人向他人发出侵犯专利权的警告,被警告人或者利害关系人经书面催告权利人行使诉权,自权利人收到该书面催告之日起一个月内或者自书面催告发出之日起两个月内,权利人不撤回警告也不提起诉讼,被警告人或者利害关系人向人民法院提起请求确认其行为不侵犯专利权的诉讼的,人

民法院应当受理。上述司法解释规定了提起确认不侵犯专利权诉讼的前提条件。但是,对于确认不侵犯专利权诉讼的法律属性尚需要进一步探讨。

民事诉讼法上的确认之诉是原告请求法院确认其主张的民事法律关系(或民事权利)或者特定的法律事实是否存在或者是否合法有效的诉讼。确认之诉产生的原因在于当事人对于权利边界或者法律关系、法律事实是否存在产生了争议,法院通过判决界定权利边界,对法律关系、事实是否存在进行确认即可以消除当事人之间的争议。因而,确认之诉的判决并不包括给付的内容,也不涉及责任承担。与民事诉讼法中规定的确认之诉有所不同,确认不侵犯专利权诉讼起诉的条件不仅在于双方对于是否存在侵犯专利权的事实产生争议,而且是由于专利权人向被控侵权的一方及其潜在的客户发送带有指控侵权内容的函件,导致被控侵权一方的商誉受到损害,商业安宁受到侵扰,潜在的商业利益受到损失,被控侵权一方提起诉讼的目的也不仅在于消极的确认不侵权的事实,而且希望通过诉讼正本清源,积极的使其受损的商誉得到恢复,商业安宁得到保护,潜在的商业利益损失得到弥补。因此,确认不侵犯专利权诉讼从法律属性上属于侵权之诉,应当适用《中华人民共和国侵权责任法》(以下简称侵权责任法)的规定。侵权责任法第十五条规定承担侵权责任的方式主要有:停止侵害;排除妨碍;消除危险;返还财产;恢复原状;赔偿损失;赔礼道歉;消除影响;恢复名誉。其中消除影响是侵害公民、法人精神性人格权的责任方式,确认不侵犯专利权诉讼中,被警告方受到的损失主要是商业信誉的损害,消除影响的责任方式当然可以适用,并且与其他的责任方式相比,可以为当事人实现充分的救济。在确认不侵犯专利权诉讼中,需要对专利权与被警告的产品进行比对，判断被警告的产品是否落入专利权的保护范围，这么做不仅是因为是否构成侵权的事实需要确认，同时还是认定专利权人发出警告是否具有过错，是否应当承担侵权责任的必要条件。侵犯专利权纠纷司法解释中规定可以提起确认不侵犯专利权诉讼的主体包括被警告人或者利害关系人，由于确认不侵犯专利权诉讼属于侵权之诉，因此，这里的利害关系人应当理解为由于权利人的警告行为，利益受到侵害的人。本案中，C公司作为涉案产品的生产商，同样会由于警告行为导致商誉受损，潜在的客户流失，因此，属于侵犯专利权纠纷司法解释中规定的利害关系人，是本案的适格原告。

二、涉案产品是否侵犯涉案专利

2015年9月11日，被告A公司向B公司发送律师函发出律师函时，涉案专利作为有效专利，应当根据授权公告载明的内容确定其权利保护的范围。涉案专利权利要求包括一项独立权利要求和四项从属权利要求，由于从属权利要求所确定的保护范围必然落入其引用的独立权利要求所确定的保护范围之内，因此，首先应当判定该涉案产品是否落入涉案专利独立权利要求的保护范围。侵犯专利权纠纷司法解释第七条第二款规定，被诉侵权技术方案包含与权利要求记载的全部技术特征相同或者等同的技术特征的，人民法院应当认定其落入专利权的保护范围；被诉侵权技术方案的技术特征与权利要求记载的全部技术特征相比，缺少权利要求记载的一个以上的技术特征，或者有一个以上技术特征不相同也不等同的，人民法院应当认定其没有落入专利权的保护范围。本案中，涉案专利权利要求1为独立权利要求，技术特征中包括超声换能器、变幅杆、驱动电机、适配器。涉案产品由主机、脚踏开关、附件组成，其中附件包括手柄及手柄导线、刀头、刀头扳手、液流管套，涉案产品上连接的超声手柄中不包括有涉案专利独立权利要求1中的驱动电机和适配器。同时，涉案产品上连接的超声手柄中并未包含"摆动结构"，也并不能实现"摆动功能"，涉案产品不能产生涉案专利中的"复合超声振动"效果。因此，涉案产品并未包括涉案专利独立权利要求中的全部必要技术特征，未落入涉案专利的保护范围，不侵犯涉案专利权。

三、消除影响责任的承担方式

消除影响的具体适用，要根据侵害行为及造成影响所波及的范围和商誉毁损的后果决定，加害人应当根据侵害商誉造成的不良影响的大小，采取程度不同的措施为受害人消除影响，并以达到足以消除影响的程度为限。本案中，A公司向原告及其潜在的客户发送律师函，指控原告生产、销售的涉案产品侵犯涉案专利权，该内容与事实不符，造成原告商誉的降低，现原告要求消除影响，应予支持。判决被告北京速迈医疗公司在一定时期内，在其网站上登载说明即足以达到消除影响的效果，因此，对于原告主张的向收到被告侵权警告函的客户逐一发送诉讼说明函的请求超出了消除影响的必要限度，本院不予支持。

综上所述，依据《中华人民共和国侵权责任法》第六条、第十五条，《最高人民法院关于审理侵犯专利权纠纷案件应用法律若干问题的解释》第十八条之规定，本院判决如下：

一、确认原告江苏C公司、北京B公司生产销售的XD860A骨科超声手术仪不侵犯被告北京A公司第2004×××号发明专利。

二、本判决生效之日起十日内被告北京A公司在其官方网站上登载声明,声明内容需要表明原告 C 公司、A 公司生产销售的 XD860A 骨科超声手术仪不侵犯被告 A 公司第2004×××号发明专利权,声明持续登载十五日。逾期不登载或者登载时间不足十五日,原告 C 公司、B 公司可将本判决书主要内容及主文第一项在其选定的一份刊物上连续刊登十五日,费用由 A 公司承担。

案件受理费七百五十元,由被告北京 A 公司负担(于本判决生效后七日内交纳)。

如不服本判决,各方当事人可在本判决书送达之日起十五日内,向本院递交上诉状,并按对方当事人的人数提交副本,于上诉期满之日起七日内交纳上诉案件受理费,上诉于北京市高级人民法院。在上诉期限内,提出上诉却拒不交纳或逾期交纳上诉案件受理费的,按自动撤回上诉处理。

审判长　张晓霞

审判员　邓卓

人民陪审员　胡玉莲

二〇一六年七月二十九日

法官助理　高瞳辉

书记员　任燕

（2）阻断合法来源抗辩

我国《专利法》第七十条规定,为生产经营目的使用、许诺销售或者销售不知道是未经专利权人许可而制造并售出的专利侵权产品,能证明该产品合法来源的,不承担赔偿责任。这条也是大家通说的"合法来源抗辩"。

其中"不知道是未经专利权人许可",包括不应知道和应知而实际未知的情况。权利人向被诉侵权人发送侵权警告函、律师函等行为,足以使被诉侵权人认识并辨别被诉产品可能构成专利侵权的,被诉侵权人继续使用、许诺销售或者销售侵权技术方案,应认定为"知道"。

最高人民法院在孙某与郑某侵害实用新型专利权纠纷案中指出:当事人援引《专利法》第七十条的规定,主张"合法来源"抗辩时,如果专利权人能够证明已经向销售商发出了明确记载有专利权和被诉侵权产品的基本情况、侵权比对结果及联系人等信息的警告函,且销售商已经收到该警告函的情况下,原则上可以推定销售商知道其销售的是专利侵权产品。

下附判决书全文:

中华人民共和国最高人民法院
民事裁定书

(2014)民申字第 1036 号

再审申请人(一审原告、二审上诉人):孙某,长春市锅炉排气阀厂经营者。被申请人(一审被告、二审被上诉人):郑某,沈阳市西区水暖建材经销处业主。

再审申请人孙某因与被申请人郑某侵害实用新型专利权纠纷一案,不服辽宁省高级人民法院(2013)辽民三终字第 79 号民事判决,向本院申请再审。本院依法组成合议庭对本案进行了审查,现已审查终结。孙某申请再审称:郑某收到孙某告知其销售的"胜益"牌排气阀为侵权产品的通知函后,仍然继续销售被诉侵权产品,应当承担赔偿责任。专利权人以通知函告知销售商侵权事实,为具有法律效力的告知方式。一、二审判决适用法律错误。请求本院撤销一、二审判决,判令郑某承担赔偿责任。本案一、二审诉讼费由郑某承担。本院认为,本案争议焦点在于被诉侵权产品的销售者郑某是否应当承担赔偿责任。专利权是国家授予的一定期限内的独占性权利,其特点之一是以公开换保护,发明创造一旦被授予专利权,其技术方案就会向社会公开,据此可以推定公众对专利技术方案处于明知的主观状态。所以,专利侵权行为的构成不以过错为要件,只要行为人实施了《中华人民共和国专利法》(以下简称专利法)第十一条规定的行为(除专利法第六十九条规定的不视为侵犯专利权的行为以外),无论其对专利技术方案实际是否知晓,均认为其构成专利侵权。同时,考虑到侵权产品销售者进行侵权判断的实际困难,为维护正常的市场经营秩序和鼓励打击侵权源头,专利法第七十条对侵权产品销售者的赔偿责任做出了免责规定:"为生产经营目的的使用、许诺销售或者销售不知道是未经专利权人许可而制造并售出的专利侵权产品,能证明该产品合法来源的,不承担赔偿责任。"本案中,被诉侵权产品的销售者郑某能够提供证据证明其所销售的"胜益"牌排气阀是从案外人苑某处购买,双方对此无异议。双方的争议集中在郑某是否不知道其所销售的"胜益"牌排气阀是未经专利权人孙某许可而制造并售出的专利侵权产品。判断销售者对其销售的是未经专利权人许可而制造并售出的专利侵权产品是否知道,应当结合有关情况综合判断。比如销售者销售被诉侵权产品前销售过专利产品,或者销售者购进被诉侵权产品的价格不合理地低于专利产品市场价格等,均可以认定销售者知道其销售的是专利侵权产品。如果上述情况均不存在,仅仅是权利人向销售者发出了侵权警告函,则要对该警告函所记载的信息内容进行考察。如果该警告函记载或者附加了被诉侵权产品信息、专利权信息(专利号、专利名称、专利权证书复印件等)、侵权比对基本信息及联系人信息等,销售者收到该警告函,原则上应该推定其知道销售的是专利侵权产品。2013 年 6 月 28 日,长春市锅炉排气阀厂向郑某发出《通知函》称郑某销售的"胜益"牌全自动排气阀已经侵犯了其"中权"牌排气阀的专利权(专利权号为ZL2003×××,专利权人为孙某),同时附有通信地址、邮政编码、联系人及联系电话。对于该《通知函》能否使得郑某在主观状态上知道其销售的是侵权产品,需要对《通知函》所记载的信息内容是否充分进行考察。二审判决认为权利人需要向郑某提供认定侵权成立的法院判决或者行政处罚决定等才能构成郑某在主观状态上对其销售的是侵权产品的"知道",认定标准过高,应予纠正。综上,孙某的再审申请符合《中华人民共和国民事诉讼法》第二百条第六项规定的情形。依照《中华人民共和国民事诉讼法》第二百零四条之规定,裁定如下:指令辽宁省高级人民法院再审本案。

审判长　周　翔

代理审判员　吴　蓉

代理审判员　秦元明

二○一四年十二月十三日

书记员　周睿隽

(3)证明恶意,要求较高赔偿额

由于专利侵权案件中,权利人的实际损失、侵权人的获利和可参照的许可费均较难确定。在确定具体判赔额时,法院一般会综合考量侵权行为的规模、性质、持续时间和侵权人的主观恶意等因素。若专利权人在起诉前向侵权人发送了警告函,而侵权人予以忽视并继续侵权,可以较容易地证明侵权人的恶意,从而要求法院判决较高赔偿。

2. 律师函在网络侵权领域的作用

《信息网络传播权保护条例》规定,网络用户利用网络服务实施侵权行为的,被侵权人有权通知网络服务提供者采取删除、屏蔽、断开链接等必要措施,网络服务提供者接到通知后,未及时采取必要措施的,对损害扩大部分与该用户承担连带责任。

网络侵权维权过程中,网络服务提供者如果不知情并且在收到权利人的通知书后,进行积极的反馈,删除或断开带有侵权产品或作品的链接,则可以受到"避风港原则"的保护;相反,如果有证据证明"明知、应知"作品、产品侵权,承担共同侵权责任就是板上钉钉的事实了。

类似淘宝的销售平台实际存在对侵权产品销售的放任行为,可尝试证明淘宝的行为构成条例规定的"明知而不作为"。比如,对侵权产品在淘宝网上销售的行为进行全程的公证,并将这些侵权产品的商铺链接及公证所得的证据通过发送律师函的方式通知淘宝,要求其关闭或查封这些商铺账号。如在这种情况下,淘宝网仍未妥善处理,杜绝侵权产品的销售,被侵权人即可通过民事诉讼要求淘宝承担赔偿责任。

五、律师函的分类

律师函可以有多种分类方法。

① 按其用途,律师函可分为律师催告函、律师告知函、律师提示函、律师通知函、律师建议函等。

律师催告函是律师事务所接受当事人的委托,以律师事务所名义发出的,催告相对人履行付款、搬迁、发货等义务的函件。

律师告知函是律师事务所接受当事人的委托,以律师事务所名义发出的,告知相对人行使权利、履行义务、告知后果、做出选择等事项的函件。

律师提示函是律师事务所接受当事人的委托,以律师事务所名义发出的,提示相对人违约后果、搬迁期限、法律规定、最后期限等内容的函件。

② 按其运用范围,律师函可分为诉讼业务律师函、非诉讼业务律师函。

③ 按其发函的主、被动关系,律师函又可分为律师函和律师复函。

律师复函是律师事务所接受当事人的委托,向对方当事人发出的针对对方来函内容给予回复的函件,也包括对对方律师函的回复函。

④ 按其发函对象的差异,律师函又可分为格式律师函和非格式律师函。

对性质相同的拖欠水费、电费、话费、欠款、代偿款等纠纷,可以运用主要内容是一样的格式律师函,以解决同一单位的同一种类的欠费纠纷。由于格式律师函仅填写姓名、欠款额等个性差异的内容,所以效率大大提高。

当然,律师函的分类还可以有其他方法,这里不再做深入讨论。

第二章
律师函的制作指引

一、律师函的内容及格式

（一）律师函的内容

律师函的内容很广泛，核心内容是事实、证据、法律、合同协议，有时还需要讲情与理，甚至还需要提出解决问题的方案建议。

《律师办理商业秘密法律业务操作指引》中规定，律师函的主要内容包括以下几部分：

① 委托人享有的权利内容。

② 能证明义务人侵权或者违约的事实，同时结合依据法律对事实性质的分析，指出其可能承担的法律责任。

③ 提出委托人的要求。

④ 在律师函附件中可以列明适用的法律条款，以帮助发函对象了解法律规定和其可能承担的法律责任。

⑤ 在针对某些侵权或者违约行为时，也可以考虑附上签收证明和承诺书，让发函对象签收律师函，并给予合理期限签署承诺书。

根据指引的相关规定及日常工作实践，一份完整的律师函应当至少包括以下几部分内容：

（1）委托来源和委托事项

律师函开篇第一段需要写明的是，向收函方表明律师发送律师函的委托来源和委托事项，即接受谁的委托，因何事发送本律师函。

（2）事实阐述

该部分主要根据委托人陈述及其提供的材料进行书写，一般简明扼要，需要律师反复斟酌，将事实及双方的争议焦点总结出来。但应强调有利，避免不利，做到不夸大也不缩小，不捏造事实也不无中生有，尽量使事实情况清楚、完整，以便让对方收函后能够马上了解真实的事态。

（3）法律评价和风险预估

在阐述完事实后，律师需要以事实为基础，结合纠纷涉及的法律规定进行法律评价和风险预估。该部分一般需将完整的法律条文引用出来，以便为律师评述建立有力的基础。通过将事实与法条结合起来评析，指出收函方的问题所在及需承担的法律责任，最终明确双方在法律上应有的权利义务。

（4）提出要求

律师函前面部分的所有内容都是为提出要求而作的铺垫，提出要求才是发送律师函的终极目标。因此，律师必须在该部分清楚、明确且正式地将委托人的要求告知收函方，让收函方知道委托人"要什么"。由于发送律师函的目的之一就是要给收函人心理预警提示，使之从心理上具有约束力和紧迫感，迫使其为或不为一定行为。因此，在给予收函方履行期限时一定要短，否则就无法达到想要的效果。

（5）告知后果

没有告知后果的律师函就像温开水，律师函发出后也只会石沉大海，得不到收函方的任何回应，自然也起不到任何作

用。因此,在提出要求的基础上,律师需进一步告知收函方,如果未在规定期限内完成规定事宜的后果。然而,如果想要律师函的效果达到最好,这就必须要求律师拥有全局思维,并从多方位、多角度考虑,对收函方提出针对性的警告和制裁措施,而非单一、笼统地告知对方逾期不履行义务就提起诉讼,这样的制裁措施实则没有太大威慑效果,也无法让律师函发挥它的作用。

(6)增强律师函的说服力和威慑力

视情况可以提供佐证律师函中律师意见的法律法规、案例分析文章、同类型案件法院判决、学术文章等,有理有据,增强律师函的说服力和威慑力,使收函方放弃侥幸心理或者避免收函方受他人误导而产生主观认识错误,误判形势。

(二)律师函的格式

1. 律师函用纸和打印推荐技术指标如下:

① 律师函推荐用纸标准。一般采用事务所指定的函头纸或国际标准 A4 型(210 毫米 × 297 毫米)。页边:页面纵向布置,左右边距均为 3.18 mm,上下边距均为 2.54 mm。

② 原则上律师函中图文的颜色均为黑色。单面或双面印刷;页码套正,两面误差不得超过 2 mm。使用激光打印机打印,印品着墨实、均匀;字面不花、不白、无断划。

2. 排版规格与装订要求

(1)排版要求

律师函均采用宋体小四号字,行间距为 1.5 倍,字间距为默认格式,段前和段后均设置为 0.5。

(2)装订要求

律师函应左侧装订(实务中多是不装订或者上装订或者角装订或者侧单钉),不掉页。律师函的封面与书芯不脱落,后背平整、不空。骑马订或平订的订位为两钉钉锯外订眼距书芯上下各 1/4 处。

3. 律师函中各要素标识规则及内容标准

可将律师函的各要素划分为函首、主体、函尾三部分。三部分的美学分割标准如下：发函律所全称下 4 mm 处为设置一条隔离线，最后一页距下页边 20 mm 处为设置一条隔离线，两条线长均为 170 mm。每行距中排 28 个字。律师函首页上隔离线以上的各要素统称函首；置于隔离线之下的各要素统称主体；置于主体以后的各要素统称函尾。用形象地说分为"头""身""尾"三部分。律师函的格式或结构（基本严格按照顺序排列）如下：（1）发函律师事务所标识 +（2）发函号 +（3）律师函标题 +（4）送达对象 +（5）问候语 +（6）委托声明 +（7）简要事实和结论提前 +（8）事实的具体陈述 +（9）受托事项的具体法律分析 +（10）"威胁性"的要求或建设性的意见 +（11）律师函发出方式说明 +（12）附件 +（13）成函时间 +（14）生效标识（印章、签署）+（15）特殊情况说明 +（16）附注 +（17）页码。

（1）函首

① 发函律师事务所标识。由律师事务所全称（不应简称）组成，发函律师事务所标识名称上边缘距上页边的距离为 30 mm，推荐使用小标宋体字，字号酌定。当然本部分内容可以根据需要进行美术设计，但是应当简洁、庄重，不应花里胡哨，也不应当内容太多太杂令人产生头重脚轻的感觉。

② 发函号。发函字号由发函律所代字、年份和序号组成。发函所标识下空 2 行，用小 3 号仿宋体字，居中排布；年份、序号用阿拉伯数码标识；年份应标全称，用六角括号"〔 〕"括入；序号不编虚位（即 1 不编为 001），不加"第"字。这样可

以体现一个律师事务所基本制度即法律文书管理制度和档案管理制度的落实水平。

③ 律师函标题。上分栏线下空 2 行,用小 2 号小标宋体字,可分一行或多行居中排布;回行时,要做到词意完整,排列对称,间距恰当。标题应当由制作律师函的律师事务所的全称 + 律师函主要事由 + 律师函字样三部分组成。当前的律师函要么只有三个字"律师函",要么缺乏发函律所名称。

④ 送达对象。标题下空 1 行,左侧顶格用 3 号仿宋体字标识,回行时仍顶格;最后一个送达对象名称后标全角冒号。如送达对象名称过多而使首页不能显示正文时,应将送达对象名称移至文尾隔栏线之下。送达对象名称应当使用全称或者规范化简称、统称,即接受函件的机关、单位全称或个人法定姓名。不可省略或用不规范的简称。可在受送个人姓名后加先生或女士等尊称。

⑤ 问候语。与尊称相衔接,送达对象名称下一行,正文可以另起一行。正文每自然段左空 2 字,回行顶格。数字、年份不能回行。

(2)正文(即函身)

⑥ 委托声明。应当明确委托人、受委托律师事务所、受指派的律师及委托事项。基本形式一般为:× 律师事务所依法接受 ×× 的委托,指派 ××× 律师就 ×××× 事宜出具本律师函。

⑦ 简要事实和结论提前。这部分内容不是必须有的,但如果事情很复杂的话,可以"开门见山"地"一笔带过"地"点"一下事实,"描"一个概括性的提示性的建议或意见或结论。

⑧ 事实的具体陈述。在委托声明后或者概述事实结论

后就需要客观真实地细叙事实部分,客观真实是陈述必然的要求,必须严格按照委托人提交的材料和委托人的陈述后提炼出来的可靠的事实进行陈述,律师不得添油加醋任意渲染,不得恣意删减缩小必要的事实,事实的陈述的要按照事情的基本脉络进行,主要分为法律关系的产生、变更、消灭,双方先后的原因行为和发生的结果,双方就有关法律事实的处理邀约、要约、反要约、承诺、磋商、和解破裂过程等要周详,但不是流水账,不是简繁不分,而是根据关联性原则和必要性原则及客观性原则进行事实阐述,以便为法律分析进行铺垫,当然也是相当于律师与送达对象进行核实的需要,如此对方可以就有关事实争议进行回复,使送达对象知道律师是在充分了解事实掌握事实的基础上进行法律分析并给出法律建议的,增加律师函的可信度和说服性。

⑨ 受托事项的具体法律分析。对事实陈述完毕后,就到了以事实为依据进行法律分析的步骤了。法律要依托事实或存在的争议,根据委托人的意志,以法律为准绳,以法律对事实的分析推导出法律上应然的义务分担说明或者准确传达委托人的意思表示,事实引用要客观、相关、简洁、明了,法律引用清晰适用准确,论证有力逻辑严密,要根据事实得出法律上应有的义务分担,但要考虑送达对象或者阅函人的特点,如果属于普通公民,该部分内容应当通俗易懂,如果送达对象是公司社团组织,则可以更正规一些,如果是法律专业人士,如律师之间的函件,则可以法言法语来解决,这需要律师函制作者的灵活处理。本部分根据送达对象的特点进行适当的法律分析,援引法律要适当,要明确具体的规定,以增强说服性和权威性。

要说明如此承担法律义务的事实原因和法律原因,这是事实陈述和法律分析两部分的核心内容。

⑩ 要求或建议。根据具体事实的陈述和法律义务承担的结果性分析,这时律师应当以受托律师的口吻提出体现委托人意志的意见或要求,可以明确传达要求对方在"由谁以怎样的方式在何时何地完成怎样的给付或者停止某项行为",包括五个要素,就是要求的"具体内容(what)、具体时间(when)、具体地点(where)、具体方式(how)、具体主体(who)"。尽量指定具体期限,并适当给对方必要宽限。

本部分内容尤其被认为是律师函的"高潮"部分,也是最抓人眼球的部分,这部分的内容和法律义务分析部分一脉相承,也是以委托人提出的要求为大前提的,要在提出要求的基础上进一步说明若送达对象不兑现本律师函的意见或要求将面临的不利状况和后果,以反面的形式引起受送对象的重视,强化律师函的威严性和委托人的坚定法律立场。这部分"威胁"性的内容主要包括不兑现或者不与委托人协商的话,将承担委托人行使解除权、抗辩权、诉讼权,这将导致商务角度合作破裂的种种后果,其次需要由送达对象承担的诉讼费、律师费等实现债权的费用,甚至可以明确给出预算,另外可以告诉其一审、二审、再审等程序性的时间成本巨大。但我们以为这部分也是要留有余地的,要具备建设性,不应恶化双方的关系或者打消对象协商和解的积极性,也不能把本部分内容渲染为非法的威胁恐吓。至于威胁警告的程度要因人而异,因事而异,因时而异,不宜所有的律师函一律加以威胁恐吓,有的点到为止,有的需要算出责任承担的具体金钱数额,有的商洽性的函不需要本部分的内容。当然,这种"威胁"也应当是多角度的,包括法律责任角度、商业预期利润角度、商业信用角度等等。另外,笔者注意到一些律师函中往往有默认声明,如"对律师函的内容有异议,请在××日内书面告知我方,逾期视为没有异议"。就是声明对方不在指定日期答复或者不作为的情况下视为同意律师函的要求,笔者以为这是不适当的,默认情形是需要法律有明确规定的,至少需要双方有明确的约定,即使明确约定了也未必被法院采纳为沉默方的默认,因此律师函中有关默认的推定值得注意。

⑪ 律师函发出方式说明。律师函的发出方式在此应当予以说明,以提高保存证据的效果,并证明律师函发出方式的合法性。如:本律师函以传真(注明受送对象传真号码及收件人)及特快专递交方式送达。

(3)函尾

⑫ 附件。可以将委托人提供的主要材料的关键部分列为附件(至少要有委托证明,简单的声明事实上不足以证明律师函是受托发出的),作为律师函的组成部分。不需要的,应当将委托人提供的材料以工作底稿的方式长期保存。如有附件,在正文下一行左空2字用3号仿宋体字标识"附件",后标全角冒号和名称。附件如有序号使用阿拉伯数码(如"附件:1.××××××");附件名称后不加标点符号。附件应与公文正文一起装订,并在附件左上角第1行顶格标识"附件",有序号时标识序号;附件的序号和名称前后标识应一致。如附件与公文正文不能一起装订,应在附件左上角第1行顶格标识公文的发文序号并在其后标识附件(或带序号)。律师函中如需附表的,对横排A4纸型表格,应将页码放在横表的左侧,单页码置于表的左下角,双页码置于表的左上角,单页码表头在订口一边,双页码表头在切口一边。公文如需附A3纸型表格,且当最后一页为A3纸型表格时,封三、封四(可放分送,不放页码)就为空白,将A3纸型表格贴在封三前,不应贴在文件最

后一页(封四)上。

⑬ 成函时间。成函日期以律所负责人签发的日期为准。用汉字将年、月、日标全;"零"写为"〇",而不是英文字母"o"或者阿拉伯数字"0";成文时间的标识位参照"生效标识"部分的要求和标准。实务中阿拉伯数字书写时间会造成页面,很不美观。

⑭ 生效标识(印章、签署)。在落款处署可以不署律所名称,只标识成文时间,但需要在发函律师的签名处有印章,以及各页的骑缝章。发函律师名称必须得有,包括印刷体姓名和手签姓名,成文时间右空 4 字;加盖印章应上距正文 2 mm～4 mm,端正、居中下压成文时间,印章用红色。当印章下弧无文字时,采用下套方式,即仅以下弧压在成文时间上;当印章下弧有文字时,采用中套方式,即印章中心线压在成文时间上。

加盖的印章必须清晰。署名的律师必须是委托人指定的受托律师,实习律师、律师助理等均不得署名。另外署名律师的签字应当为手签,另外有印刷体的律师姓名,以免因律师签字"龙飞凤舞"不能辨认。

⑮ 特殊情况说明。当公文排版后所剩空白处不能容下印章位置时,应采取调整行距、字距的措施加以解决,务必使印章与正文同处一面,不宜采取标识"此页无正文"的方法解决,行政机关曾经标识"此页无正文",但后来明文规定予以取消。

⑯ 附注。需要说明的其他事项,如律师的联系方式如通信地址、邮编、办公电话、移动电话及电子邮箱等作为律师函的附注,以便送达对象反馈回复,用小 3 号仿宋体字,居左空小 2 号字加圆括号标识在成文时间下一行。

⑰ 页码。用 4 号半角白体阿拉伯数码标识,置于版心下边缘之下一行,数码左右各放一条 4 号一字线,一字线距离版心下边缘 7 mm。单页码居右空 1 字,双页码居左空 1 字。空白页和空白页以后的页不标识页码。

(三)律师函范例

××律师事务所

律师函

××(⋯⋯)律函字第×号

××公司:

××律师事务所(以下简称为"本所")系中华人民共和国(以下简称为"中国")合法注册的从事中国法律服务的律师事务所。本所受××公司(以下简称为"××公司")的委托/本所作为××公司(以下简称为"××公司")的法律顾问,指派本所××律师、××律师就贵司××××一事,依据我国《××法》《××法》及相关法律法规之规定,特向贵司致函如下:

一、基本事实概述

×年×月×日,⋯⋯(参照第二节第一条要点描述)

二、法律分析及法律后果

(参照第二节第二条要点描述)

根据××公司向本所提供的上述事实及证据,我们认为:⋯⋯

贵司××行为的性质及可能应当承担的法律责任⋯⋯

三、解决问题的方法及建议

(参照第二节第三条要点描述)

为弥补××公司的损失,妥善解决上述纠纷,并避免诉累,请贵司在收到本函之日起×日内履行⋯⋯义务:⋯⋯

如贵司不愿接受××公司的要求,可能会导致双方分歧及误会加深,促使××公司通过诉讼等法律途径维护其合法权益,故请贵司慎重考虑本律师意见。

四、结束语

(参照第三节第一条要点描述)

本律师函所依据的事实及证据系由客户提供,且客户已承诺对其真实性、完整性、准确性负责,但并不排除贵司与××公司对客观事实的认知有所出入的可能。贵司如对本律师函涉及事实有所异议,或对问题的解决有其他合理建议,请直接与本律师联系,我们将十分乐意代表××与贵司妥善解决分歧。

提示:律师出具律师函时,无须照搬上述一、二、三点所列纲要语句,只需按上述结构要求表述即可。

顺颂

商祺!

××律师事务所

律师:

×年×月×日

附件:

1.

2.

……

律师联系方式:……

××公司联系方式:……

二、律师函的签发流程

（一）律师事务所接受委托

按照《律师法》的相关规定，律师不得私自接受委托，所以律师得以律师事务所的名义接受委托。客户委托律师对外签发律师函的，必须依照事务所规定办理立案手续，签订委托代理合同，并由客户出具授权委托书，使经办律师依法获得签发律师函的权利。

如果客户单独委托出具律师函业务，那需要和客户签订专门的委托代理合同，以明确双方的权利和义务。如果签发律师函并非单项法律服务，而是附属于其他法律服务，应当在相关的委托代理合同中明确载明。实务中，很多时候出具律师函无须签订专门的委托代理合同。常见的如：① 客户已经委托律师代理诉讼或仲裁案件，并且已经签订了委托代理合同，在诉讼或仲裁过程中出具律师函时，就无须再签订专门的委托代理合同。② 顾问单位在服务过程中出具律师函，一般也无须签订专门的委托代理合同，当然具体还得看顾问合同是如何约定的，律师采取的是何种计费方式。

客户出具的授权委托书应当至少包括以下内容：

① 委托人的基本情况；

② 受托人的基本情况；

③ 委托事项中应当明确委托人授权受托人向相对方签发特定内容的律师函；

④ 应具备的其他相关内容。

委托人如果为自然人的，应当在委托书上签名并加盖指模；委托人如果为法人或其他组织的，应当加盖单位印章并加盖法定代表人或负责人的私章或指模。

委托人的身份证件（委托人为自然人的应当提供身份证

复印件,委托人为法人或其他组织的,应当提供营业执照副本复印件、组织机构代码证副本复印件、法定代表人或负责人的身份证复印件)应当作为委托书的附件。

委托书应当至少制作一式三套,一套随律师函寄送给收件人(相对方,下同),一套交由经办律师存档,一套提交客户。

(二)为起草律师函做好准备工作

1. 听取客户的陈述及查看证据

办理完委托手续,就要开始起草律师函的工作。首先得听听客户就委托事项的前因后果是怎么说的。通过听取客户的陈述找出问题的关键点,再做一些针对性的询问。客户说的是一回事,能够自圆其说不代表就是事实,还得审查客户提供的证据。

2. 做必要的调查取证

委托人第一次陈述往往不能完整地带来律师制作律师函所必需的材料,因此律师需要继续和委托人沟通,深入了解事实,搜集相关的证据材料,这些材料的真实性、合法性、相关性都是律师必须考虑的。

根据委托事项的具体情况,以及客户提供的线索,做必要的调查取证工作。律师函的作用和功能就决定了,起草律师函时不太可能做深入的调查取证还有法律研究,因为很多时候律师函只是打前站用的,后面的一系列组合动作才是关键。

3. 分析陈述整理材料,事实审查

在材料搜集完毕,事实脉络基本清晰的前提下,律师应当对委托事项进行事实审查,主要有以下几方面的内容:

① 发函对象与委托人的关系;

② 发函对象是否存在侵权或者违约行为,以及具体事实;

③ 发函对象可能承担的法律责任;

④ 委托人提供的证据材料能否支持律师意见。

在知识产权侵权律师函的起草准备工作中,还需审查以下几个方面:

① 委托人主张的信息是否符合商业秘密的法定条件,名称是否准确、范围是否明晰、内容是否固定;

② 委托人是否对主张的商业秘密切实拥有合法权利;

③ 委托人所述商业秘密的权利状况,是否有相同或者近似的专利技术,是否有可替代技术。

(三)起草律师函

委托事项经事实审查后,按照律师函的制作标准正式起草律师函。

1. 听取委托人对律师函草稿的意见

律师初稿应经委托人过目,进一步听取委托人的建议,尤其是异议。并且就有关风险提示委托人。

2. 修改润色后出具律师函最终稿

在听取委托人就律师函草稿的意见、建议或异议后进行响应的结构调整、语言润色、意见修正,到这一阶段律师函基本完成了。

3. 取得委托人的最终书面确认

律师函经客户书面确认后方可对外签发,取得当事人对代理方案的书面确认是律师业务的规范化和风险管理的需要。

4. 律师函经签章生效

签署的内容分为三行:

① 第一行:律师事务所全称;

② 第二行:律师函的签署律师;

③ 第三行:签署时间(格式如:二〇一四年八月四日)。

律师函应当按如下方式签署：

① 签字律师原则上应为两名执业律师，应当采取手签字体，字迹应当清晰且易辨识；

② 律师事务所应当加盖印章；

③ 律师函超过一页的（含附件），应当加盖骑缝章。

签署模块以上，可以加上"顺颂商祺"的内容，该内容距离律师函结尾最后一行一个空行的距离。

（四）律师函的送达

为了确保对方能及时收到律师函，律师函最好用邮局特快专递（EMS）来寄送，律师函的邮寄参见《邮政快递面单填写指引》，在内件品名栏中一定要填写详细，不要就简单写"律师函"三个字，要把事由也写清楚。

重要的律师函在采取邮政快递邮寄的同时还应采取如下方式发送：

① 利用签字律师实名制的手机向收件人的手机发送与律师函同等内容的文件，或制成彩信发送；

② 利用签字律师的企业邮箱向收件人的电子信箱发送与律师函同等内容的文件（使用图像或 PDF 格式）；

③ 利用签字律师的微信向收件人的微信发送与律师函同等内容的文件（使用图像或 PDF 格式）。

（五）及时回复对方的反馈意见

发送律师函后要及时跟进。首先要确认对方是否收到和知悉其内容，然后要主动与对方联络，以推进律师函的效用，并了解发函对象的意思。

如果对方收到律师函后做了回复，那我方就得积极和对方沟通解决。律师函不是最终目的，最重要的目的还是想通过发送律师函引起对方的重视，双方更严肃地沟通问题的解决方案。

实务中,对方做出书面回复的较少(一般大型机构或企业会做出书面回复),要回复也是打电话沟通,所以在律师函的联系方式中一定要留好多种联系方式,以方便对方联系。在对方电话回复的时候,如果条件允许,尽量做好录音取证工作。

事先要和客户沟通好,一旦对方回复,我方如果答复,还得做好替代方案。如果我方要回复对方,最好以书面的方式来回复,一来律师劳动有形化了,二来也便于做好证据的采集工作,为下一步行动做准备。

(六)采取进一步行动

律师函送达后,送达对象往往会对律师函采取答复,尤其是采取行动,因此必须向委托人反馈或者向委托人询问律师函的效果,并且根据委托人的意愿对律师函进行后续跟进。

律师函发出去以后,对方没有回复,或有回复但没有达到预期的效果。这时候就得跟客户沟通是否有必要采取进一步行动,实施制裁措施。一般律师函在"律师意见"部分都会要求对方在"指定的时间内,做出相应的行为,否则实施相应制裁措施"的字样。你"合法的恐吓信"都发了,在你指定的期限内,对方并没有按照你的意思去做,你也没有采取什么制裁措施,那以后再发什么函件效果都不好,对方会觉得你就是吓唬吓唬人而已,并不会采取什么行动。把道理都跟客户讲清楚,然后由客户决定是否采取进一步行动。如果要进行诉讼或采取其他法律手段,那就办理相关委托手续,进入下一个法律程序。

三、律师函的操作规范

（一）出具律师函应遵循的原则

《律师执业管理办法》（2016）第 32 条规定，律师出具法律意见，应当严格依法履行职责，保证其所出具意见的真实性、合法性。律师提供法律咨询、代写法律文书，应当以事实为根据，以法律为准绳，并符合法律咨询规则和法律文书体例、格式的要求。

为了避免律师与委托人之间、律师与受送主体之间可能产生的潜在纠纷，规范律师函这一重要的基础性的法律服务业务方式，控制出函律师事务所和律师的风险，律师函的出具应当遵循下述基本原则或要求：

1. 真实原则

律师函是依据委托人的事实陈述和委托人提供的事实材料为依托的，首先，律师应当告知委托人真实客观陈述其事实，不得做捏造事实、无中生有，否则要承担相关法律责任。其次，律师应当严格按照委托人陈述或材料的客观内容，在律师函中不假不妄地进行事实陈述和分析。委托人不真实的陈述或者律师的失真地事实分析都可能造成严重的法律后果。

2. 合法原则

律师函必须建立在对客观事实的合法性分析的基础上，才能使委托人的意见得到法律的支持，产生法律的威慑效果，如果律师的律师函不符合法律的规定，造成损失的，须承担相应的赔偿责任。

3. 委托原则

律师事务所必须与委托人签订书面的委托合同，明确地约定双方的权利、义务和责任律师必须和委托人建立书面的授权委托手续。以确定委托关系、委托范围及代理权限，律师只在授权的范围内发表律师函,最终的律师函在发出前要取得委托人的书面认可。需要注意的是,律师函书面确认手续不能替代委托手续,实践中经常有律师进行这样的替代。

4. 必要原则

人们会认为发送律师函、警告函是一种低成本、无害的自力救济维权行为,并无风险和后果。有些情况下律师发出的律师函是没有多大必要的,虽然律师函的应用范围比较广,但是律师函不是万能药。谨慎发出律师函才能取得预期的效果,也才能使委托人认识到你在考虑他的成本,从而值得信赖。

例如,在知识产权侵权领域,适宜采用律师函、警告函的维权手段解决问题的案件通常有如下情形:

权利人有和解意向,不愿通过诉讼等更强势的手段解决问题;

经判断,对方有收函后停止侵权的可能性。这些情形通常包括:

对方公司规模小,且不强势。

对方的侵权行为无心之过,并且希望停止或改正侵权行为。

权利人有较为有利的证据证明侵权行为,且侵权行为明显。双方,特别是侵权人都意识到在此种非黑即白的案件中,诉讼不是解决争议的最好方式。

权利人不愿意花费更多成本,不愿意继续采取其他法律行动。

5. 保密原则

律师函的受送对象要准确,范围不得无故扩大,要限于当事人,或受送达对象的负责人。实践中,为了制造舆论压力或者借助声势或者作秀,往往在媒体上公开发表或在公众场所公开发布律师函,一是这种方式很不适当,违反送达对象是特定的原理,原则上不应公开发布,除非是需要进行公示的法律声明。二是这种公开很可能引起侵犯商业秘密或荣誉、个人隐私或名誉的风险,加大了律师函法律服务的风险,律师事务所很可能成为连带责任人之一。

6. 谨慎原则

律师在从事律师函业务的过程中,负有谨慎核查的义务。由于律师函是委托人和纠纷争议相对人初步的沟通,委托人陈述的事实很多时候未经证实,无法避免部分陈述是主观臆测、无中生有的。在此种情况下,律师函一旦发送出去,律师事务所就面临着侵害争议相对人名誉权的可能性。而衡量民事主体的名誉权是否受到侵害,应当从侵权行为的四个构成要件,即侵害行为、损害后果、侵害行为与损害后果之间的因果关系以及加害人的过错来进行判断。而侵权行为、加害人过错、因果关系的判定都绕不开对律师函内容的判定,而对律师函内容的判定都绕不开对律师谨慎核查义务的判定。

在律师函仅仅发送给争议相对人的情况下,法律并不苛求律师负有过多的谨慎义务,委托人和律师皆不需要有确然性的证据。此时,律师函发挥的最大作用其实是一种交涉功能,并且是委托人和争议相对人单方面的交涉,它不会给争议相对人带来除律师函之外的外部性风险。此时法律倾向于保护的是委托人纠纷化解的尝试,而且这优先于争议相对人内心认同感的受挫。

在向纠纷争议相对人的利害关系人撰写和发送律师函时,除了需要对律师函中的用语注意外,律师更要对争议事项进行谨慎核查,争议事实要有基本的证据进行佐证,以达到较高程度的确定性。此种确定性绝不是可以进行司法侵权判定的程度,这种确定性应该达到一个正常法律人可以认同的程度。

在委托人合法诉求的情况下,律师函会因发送方式、致函对象的不同,律师相应承担起不同的谨慎核查义务。

(二)出具律师函应注意的问题

尊重事实、准确引用法律条文、用语谦逊是律师函的必备要素。要写好律师函,必须做到以下几点:

第一,要建立规范的律师函委托代理及授权手续,保证律师函"名正言顺"。律师函开头部分一般都会开门见山,言明律师接受某某客户的委托,但这并不代表双方的代理合同及授权手续可以省略,有无委托实务中还是要看"书面",不能仅凭"口说"。

尤其是到了诉讼环节,原本欲将律师函作为证据证明当事人曾委托律师催款以致诉讼时效中断。但如果律师函并未附带当事人的授权书,可能会被对方在质证过程之提出律师发函时并无相应授权委托,因此发函行为构成无权代理,该函不具备合法有效性的意见。

很显然,律师如果忽略了办理授权委托手续这一重要环节,虽然也可事后补签,但律师函的效力就会大打折扣,而且万一因故无法补签,后果不堪设想。除此之外,从更严谨的角度出发,律师还应就律师函的权限、范围、要求以及发送方式等具体事项与委托人进行详细的约定,条款越细,日后产生争议的可能性就越小。当然,规范的代理合同与授权手续同时也是律所收费以及记账的税务凭证,不能忽视。

第二,律师函对于案件事实的阐述应当做到"言必有据",不能存在任何"虚假"或"失实"。

相对于其他法律文书,律师函对内容的真实性和准确性要求更高。这是因为律师函直接代表委托方的意志,发出后即使有误也无法更正;并且,律师函发送后即成为对方的证据,一旦失实,将立刻变为"刀俎鱼肉"。很多律师函侵权案皆因内容失实导致。

在向涉及侵权人之外的相关主体发送的律师函、警告函中,发函人不得捏造虚伪事实,否则将可能面临《反不正当竞争法》下商业诋毁或者一般民事侵权责任中侵犯他人名誉权的指控。除了不虚构事实之外,一个更高的要求是函件中的信息应当客观、真实及全面。例如,在"双环"诉"本田"的案件中,最高人民法院在判决中最终认定本田株式会社行为构成不正当竞争的事实依据之一就是,本田株式会社并未在警告函中披露其与双环公司均已向法院寻求司法救济等"其他有助于经销商客观合理判断是否停止被警告行为的事实"。(参见最高人民法院在2014民三终字第7号判决书中的记载)

再例如,在佛山 A 公司与中山 B 公司名誉权纠纷案中,法院认定,佛山 A 公司虽然获得了广东省知识产权局认定原告侵权的决定书,"但该决定书仅指出 B 公司只是侵犯了 A 公司一项专利权,并未如 A 公司在公告所宣称的 B 公司侵犯了其四项专利权。A 公司将未确定、未有定论的事实或者结论作为确定、定论的事实或者结论,并以定性、结论方式通过发布公告的方式广而告之,其行为已损害 B 公司的商业信誉。"(参见佛中法民一终字第 1920 号判决书)

下附判决书全文：

广东省佛山市中级人民法院
民事判决书

（2015）佛中法民一终字第 1920 号

上诉人（原审被告）佛山 A 公司，住所地广东省佛山市顺德区。法定代表人李某，该公司董事长。委托代理人周某某，住广东省广州市天河区，系该公司员工。被上诉人（原审原告）中山 B 公司，住所地广东省中山市南头镇。法定代表人赵某某，该公司总经理。委托代理人熊某某，广东某某律师事务所律师。

上诉人 A 公司（以下简称太电公司）因与被上诉人 B 公司（以下简称北羚公司）名誉权纠纷一案，不服广东省佛山市顺德区人民法院（2013）佛顺法勒民初字第 728 号民事判决，向本院提起上诉。本院受理后依法组成合议庭进行审理，现已审理终结。原审法院经审理，依照《中华人民共和国民法通则》第一百零一条、第一百二十条、第一百三十四条的规定，做出如下判决：一、太电公司于判决发生法律效力之日起十日内，向 B 公司赔偿 60 000 元；二、驳回 B 公司的其他诉讼请求。如果未按判决指定的期间履行给付金钱义务，应当依照《中华人民共和国民事诉讼法》第二百五十三条之规定，加倍支付迟延履行期间的债务利息。一审案件受理费减半收取为 500 元（B 公司已预交），由 B 公司负担 100 元，A 公司负担 400 元（A 公司于判决发生法律效力之日起十日内向 B 公司支付，一审法院不再作收退）。上诉人 A 公司不服原审判决，向本院提起上诉称：一、A 公司没有捏造事实，也没有散布虚假事实，不应认定 A 公司的行为侵犯名誉权。（一）B 公司确实侵犯 A 公司的专利权，这是客观事实。省高院、广州中院的生效判决以及省知识产权局做出的专利侵权处理决定足以认定 B 公司侵权的事实。A公司在律师函中所称的B公司生产的家用榨油机侵犯A公司的知识产权，这一事实并非捏造，而是有法有据的事实。（二）B公司提供的A公司网站上发布的《关于中山"C""B"侵权的公告》，该证据是由B公司单方提交、未经过公证的网页打印件，A公司对该证据的真实性、合法性均不予认可，该证据不符合证据的合法形式要件，不应作为认定事实的依据，原审判决据此认定A公司散布虚假事实，是认定事实错误。（三）A公司仅向三家企业发出律师函，且律师函的内容均符合事实，A公司不存在向不特定多数人散布虚假事实的行为，不构成对B公司的名誉造成侵权。二、原审判决判令A公司赔偿B公司名誉损失60 000元，没有事实依据。根据相关司法解释规定，B公司作为原告，应当提供其遭受损失的证据，否则应承担举证不能的不利法律后果，B公司没有提供任何证据证明其名誉受损产生多少实际损失，故B公司主张的名誉损失100 000元没有事实依据，原审判决要求A公司赔偿B公司名誉损失60 000元同样缺乏事实依据。综上，原审判决认定事实以及适用法律均存在错误，请求二审法院撤销原审判决，驳回B公司全部诉讼请求并由B公司负担本案全部诉讼费用。被上诉人A公司答辩称，原审判决认定事实清楚，适用法律正确，请求二审法院予以维持。双方当事人二审期间均没有提交新的证据。经审理，原审判决认定事实清楚，本院予以确认。本院认为，本案二审争议的焦点是A公司在本案中的行为是否侵犯B公司的名誉权；如若侵犯，B公司的损失如何确定。A公司在一审庭审中已确认《关于中山"九优""北羚"侵权的公告》由其发布，因此，对A公司认为原审法院采纳该公告作为认定事实的依据不当的上诉理由，本院不予采纳。该公告内容为B公司生产的榨油机侵犯A公司四项专利，要求生产或销售侵权产品的公司立刻停止侵权行为。本院认为，虽然A公司发布该公告之时其取得涉案四项专利，但获得专利权并不等同于B公司的产品必然侵权，其时B公司的产品是否侵犯其专利权属于未有定论的事实，即使广东省知识产权局粤知法处字〔2013〕第2号处理决定书认定B公司有侵权行为，但该决定书仅指出B公司只是侵犯了A公司一项专利权，并未如A公司在公告所宣称的B公司侵犯了其四项专利权。A公司将未确定、未有定论的事实或者结论作为确定、定论的事实或者结论，并以定性、结论方式通过发布公告的方式广而告之，其行为已损害B公司的商业信誉。综上分析，从A公司公告言论的事实依据、表达方式、言辞的公正性程度方面考虑，A公司上诉认为其行为没有损害B公司的名誉权，于法无据，本院不予支持。至于损失方面，虽然B公司没有提交其利益受到何种损失的具体证据，但A公司在公告上有失妥当的表述足以误导客户的选择决策，从而挤占B公司的销售市场，因此，按照日常生活经验法则，B公司利益受损是不争的事实，原审法院根据A公司的过错程度和影响范围，酌定A公司向北羚公司赔偿60000元并无不当，本院予以维持。综上，A公司上诉所提，理据不充分，本院不予采纳。原审判决认定事实清楚，适用法律正确，应予维持。依照《中华人民共和国民事诉讼法》第一百七十条第一款第（一）项的规定，判决如下：驳回上诉，维持原判。二审案件受理费600元，由上诉人佛山A公司负担。本判决为终审判决。

审判长　黄　维

审判员　吴绮擎

代理审判员　陈　广

二〇一五年十月十三日

书记员　黄爱文

　　为实现律师函内容真实准确，一方面要对案件开展尽职调查，广泛收集证据并予核实和验证，对此应无争议；另一方面要只采用确凿无争议的事实与证据，对于"存疑"或难辨真伪部分一概不用，这是因为"存疑"往往极易"失实"，而"失实"则是律师函的头号大敌。

　　例如，某个事实环节，仅有一位证人的证言予以证实，但律师又难以确认，此时，即便通过制作笔录对证言进行了固定，甚至也可以通过证人或委托人的书面承诺来规避风险，但这也不过是律师与委托人之间实现免责的方式。如果证言失实而导致律师函对外致害，律师的连带责任仍难以推脱。

　　所以，只忠于有据可查的事实，是律师函内容之精髓。这其实也符合律师函的宗旨，因为律师函主要用于警告、通知、声明等目的，事实部分仅是一种铺垫，如详细描述既无必要也会冲淡主题，同时还有言多必失之险。因此，律师函只需将关键事实点到即可。当然，如果案件连关键事实都证据不足，那就意味着整个案件或存有较大争议，此时是否出具律师函都要慎重考虑了。

　　第三，律师函在对案件进行法律分析和论证时，不宜做出过于绝对的结论，而是应当留有余地。

　　一方面律师函基于的证据和事实一般由委托方提供，对方既未质证和确认，也未提供反证；所以从理论上来讲，律师其实并未掌握案件全貌。另一方面，对于个案的法律判断，律师也会因认知差异而导致结论偏颇甚至谬误。所以，即便已经做到了勤勉尽责，但律师函有时仍难避免出现失误。

　　为防范此类误判的发生或影响，律师函在得出法律结论时，宜适当保留一定空间。具体来说，一是可以多设定前提和条件，比如在推出结论时可以这样表述："假设以上事实没有相反证据予以反驳",或者"如果你方没有提供反证的话"等等,以此避免因意外证据突然出现而导致结论失误。二是可以使用宽泛或者模糊的语言来表达,比如采用"涉嫌"违法、"可能"侵犯等表达方式;而不宜盖棺定论,直接使用诸如"构成严重犯罪"等字眼。否则,极易造成负面影响,带来侵权风险。

例如,晋江 A 公司和广东 B 公司都是生产儿童玩具的企业。某年年初,B 公司发现某百货公司出售的一种遥控火箭炮玩具外观与其公司设计的相似,而生产厂家是晋江 A 公司。B 公司遂向 A 公司 18 家办事处和经销商发出律师函,称其销售的 A 公司生产的遥控火箭炮玩具,与 B 公司取得外观设计专利权的遥控火箭炮玩具的外观几乎一模一样,严重侵犯了 B 公司外观设计专利权。并郑重警告要求其立即停止销售。随后,A 公司将 B 公司起诉至晋江市法院。A 公司称,B 公司的行为严重损害了原告的商业信誉和商品信誉,构成不正当竞争和名誉侵权。

法院经审理认为,B 公司在没有充分证据证明外观相似产品系原告生产的情况下,便认为 A 公司侵害其专利权,并发出律师函,责令其停止销售等。被告捏造、散布虚假事实,损害竞争对手的商业信誉、商品信誉的行为,已构成不正当竞争,依法应承担相应的民事责任。据此,法院判决 B 公司在媒体上向 A 公司赔礼道歉,并赔偿 A 公司 109 200 元。一审宣判后,B 公司提起上诉。二审法院经审理后改判 B 公司赔偿 A 公司经济损失 59 200 元。

从本案审理认定的事实来看,B 公司将未确定的事实说成确定的事实,将未定论的事实说成定论的事实,从而使 A 公司的名声和信誉在客观上受到一定的损坏。

第四，律师函的语言要保持严肃和中性，避免出现贬损性或负面感情色彩的文字。

委托人发送律师函，有时会希望措辞严厉或者激烈一些，以图给对方施加强大压力。但律师一定要有自己独立的法律思维，行文时应严格使用法言法语，不可夹杂感情色彩强烈的敏感字眼，以片面满足委托人的不当要求。否则，不仅违背了法律文书对语言的基本要求，还可能侵害他人名誉权或商誉权。国内律师函侵权的相当一部分案件，均是因为语言含有侮辱诽谤、严重误导或负面评价的内容而导致。

在向被控侵权人之外的第三人发送函件时，即使做到对相关事实的描述都是客观、真实、全面的，仍需要注意不能使用贬损性的语言，从而有可能造成对他人名誉权的侵害。因此，在措辞方面应当尽量做到理性、客观。

应当注意的是，《反不正当竞争法》下关于商业诋毁的规定也可能适用于非事实描述类的"商业评论"。商业评论尽管不涉及对事实的捏造及虚构问题，并属于主体行使言论自由权利的一种方式，但其仍然受到法律的约束，其程度以不应以"实质性影响相关公众的认识并贬损竞争对手商誉的诋毁性评论"为限。

此外还需注意的是，一般民事侵权中的名誉侵权法律责任与《反不正当竞争法》下的商业诋毁存在界定上的细微差别。商业诋毁的侵权判定需要以具有商业竞争关系等为必要条件，而名誉侵权则不以此为必须。特别是，如果涉及自然人，其可能对函件措辞方面提出更加严格的要求，用于判断是否构成公众对于该自然人的社会评价降低。

例如，某媒体曾报道，2017年11月17日，经当事人授权，江西某律师在报上刊登了一份《律师函》称，陈女士与陈先生原系姐弟关系，陈女士几十年如一日一直关心支持陈先生，但陈先生一直不思上进，属于扶不起的阿斗，索求无度，陈女士深感无奈，与陈先生协商后签订了《断绝关系协议书》，等等。在这份《律师函》中，"不思上进""阿斗""索求无度"均属贬损性的评价语言，明显会对当事人的声誉造成负面影响，因此触犯了律师函的大忌。

第五，严格控制律师函的发送范围，防止扩散引发的风险。

一般而言，律师函的抬头仅针对有利害关系的特定对象，除此之外的第三人不予发送，因此不会产生对外影响力。但如果发送给第三人或者诸如公告、声明之类的律师函需要公之于众的话，此时就需要格外注意了，因为一旦内容不当将会影响甚广。

对于不同的函件发送对象，发函时所应尽的注意义务和所承担的法律责任是不同的。原则上，向涉及侵权主体之外的任何第三方发送警告函、律师函或告知函，都因为函件的受众范围较大、且发送后产生的后果和影响较大，因而需要承担更高的注意义务，以避免因发函不当导致侵害他人合法权益而导致自身的法律责任。

函件发送的方式和范围包括定向发送以及公开发送。定向发送是将函件仅仅发送给收件人，而公开发送则指将函件公开给特定或不特定的其他主体。同样，函件发送的方式也会因函件的影响范围而有较大区别。函件发送和公开的范围越大，发函人所应承担的注意义务和面临的法律风险也就越高。

据统计，律师函被判侵权尤其是名誉权的案件，几乎九成以上均为向多数对象发布而导致。所以，律师函应当严格限制发送对象的范围，一般而言，应绝对禁止向无关或无必要的对象发送；与此相关联的是，律师还应当亲自把控发送方式或发送程序，禁止将律师函交由委托人安排发送而导致不可控事件。实践中曾有委托人拿到律师函后擅自张贴或随意公布的先例，对此不得不予以警惕。

第六，确保律师函的有效送达。

律师函是否送达相对人，也是衡量律师函能否生效的一个重要步骤。如果不能证明相对人已经收到，那么律师函的"函告"作用则顿时失去。笔者经历的一次庭审中，当我方出示律师函及其快递底单时，对方却断然否认曾经收到，而我方也因时间过长无法提交快递单的签收记录，从而导致难以证明律师函已送达生效的不利境地。因此，合法有效的送达方式显得非常重要。邮寄送达虽然简单常见，但对方的有效签收却常常成为一个难题，实践中辅之以公证、音像等手段记录整个律师函送达过程或是十分必要的。

第七，发函应当出于正当维权的目的

在因为发送律师函、警告函引发的纠纷中，一个重要的考量因素是看发函主体发送函件的目的及主观动因。如果发函的目的应确实出于维护自身正当权利，而非借此机会打击竞争对手、破坏竞争对手与交易相对方的合作关系或者破坏竞争对手在市场上的声誉等不正当竞争的目的。

无论是去函或复函，都应具体、准确。去函的侧重点在于提出的要求事由和询问问题要清楚明白。复函的侧重点在于对来函所提的问题给予明确、具体的答复。要坦诚，要直接。律师函的写作不是文学创作，不是为了引起读者的想象和琢磨你的真实想法，因此，在法律信函的写作中拐弯抹角是没有意义的。

在实践中，要证明一方当事人的行为动机和目的是较为困难的（除非通过类似英美国家证据开释的程序发现关于当事人行为动机的直接证据）。通常只能依据其所实施的行为的具体表现、行为后果、其他行为等来推断其主观动机及目的。

除了以上提到的几点，律师发送律师函，还应注意以下事项：

① 针对委托人选择的争议解决方式和救济途径，已经完成初步的证据收集工作。

② 律师函一定要以委托人的代理人名义发出。

③ 律师函的内容必须经过委托人的书面确认。

④ 发送律师函后要及时跟进。首先要确认对方是否收到和知悉其内容，然后要主动与对方联络，以推进律师函的效用，并了解发函对象的意思。

⑤ 发送律师函可能成为对方提起不侵权诉讼的依据，律师要提前做好应对准备。

第三章

律师函范文

一、婚姻家庭纠纷律师函

《律师办理婚姻家庭法律业务操作指引》中规定:"应委托人要求,就某一纠纷向其他当事人或有关机构出具书面律师函。"可见,律师就婚姻家庭纠纷接受当事人的委托为其出具律师函是律师的业务之一。

(一)离婚纠纷律师函

范文一:

律师函

××先生:

××××律师事务所依法接受××女士的委托,就协议离婚一事,特郑重向您致函。

特别声明:本函中所述基本事实均来自××女士的陈述。

本律师谨代表××女士向你郑重提出以下几点建议以期你慎重考虑:

一、××女士曾多次要求与你协商离婚事宜,您总是回避这个问题,以致此次委托本律师发函向你告知,期望您在收到本函后能积极地面对离婚这个问题,双方协商解决。

二、如果您在收到本函后还是一味地回避离婚这个问题，本律师将在××女士的授权下通过法院起诉离婚，××女士并不希望夫妻双方对簿公堂，但在万般无奈之下也只能如此为之。

在此，我所诚请您接收此函后于5个工作日内答复我所。我所诚望您能够重视此事。我所欢迎您来电来函，就此事做进一步的交流，以期以协商的方式解决此事，以免双方承受诉讼之累。如您不能正面面对离婚这个问题，双方没有协议离婚的可能，届时我所将在××女士的授权下，代其通过诉讼方式解决此事，此实属无奈之举，不尽之处，还请您理解。特此致函！

××律师事务所

律师：×××

×年×月×日

范文二：

律师函

致：阳××先生

自：广东××律师事务所

主题：离婚纠纷

广东××律师事务所系经广东省司法厅批准成立并在中华人民共和国司法部备案的法定法律服务机构，有权就受中华人民共和国法律管辖的事件及/或行为发表法律意见及/或进行相应之法律行为。

广东××律师事务所接受徐×女士（以下简称"徐女士"或"委托人"）的委托，指派本律师处理徐××女士与阳××先生（以下简称"您"）离婚纠纷一案相关事宜。

接受委托以后，本律师听取了徐女士关于你们婚姻感情破裂及要求离婚的陈述，为妥善处理您与徐女士的离婚纠纷事宜，特向您致本律师函。

一、委托人陈述的案情及要求

徐女士认为，自 2008 年 2 月 13 日结婚以来，她就甚少得到作为丈夫的您的"关爱""包容"与"重视"。

尤为让徐女士感到伤心与痛苦的是，您缺少对家庭的"责任感"与"关爱感"，特别是缺乏经营婚姻生活的积极态度与方式方法。且由于您忙于自己的事业与生活，很少履行抚养女儿、协助妻子的职责，婚生女儿阳××出生后一直居住生活在江西省上饶市××县，由女方父母悉心照料抚养，经济上主要依靠徐女士承担。在家庭经济压力增大的情况下，您还经常向妻子索要金钱与奢侈品。在感情不和谐的情况下，徐女士要兼顾工作与家庭，日复一日，她深感疲于应付、心力交瘁，已经到了再也无法承受的地步。

步入婚姻的殿堂以后，夫妻感情会发生一定的变化，这是正常的。但是让徐女士倍感失望的是，夫妻的感情在频繁的争吵与指责中日益淡薄，特别让徐女士不能容忍的是您与其他女性存在不正当男女关系，这极大地伤害了夫妻感情及徐女士的人格。

对于感情的挽救，徐女士曾一直在以自己的方式默默地努力经营，在自己经济并不宽裕的情况下，自 2012 年 08 月 01 日至 2013 年 07 月 01 日期间还给付 8 万余元支持您"创业"，但遗憾的是这并没有得到您的积极应和，您并没有充分理解徐女士经营感情的方式。

徐女士本是一个珍视婚姻关系及感情的人，但鉴于上述情由，徐女士认为她与您的夫妻感情已经破裂，导致夫妻感情破裂的过错在于男方,抱着对彼此感情及婚姻关系负责的态度,徐女士向您提出离婚的要求,并希望就孩子的抚养与家庭财产(一套商品房、一部小轿车)的分割进行友好协商。

对于孩子的抚养权与夫妻共同财产的分割,鉴于您的过错,徐女士的想法如下:

① 要求夫妻共有财产全部归女方所有。

② 要求男方赔偿女方精神抚慰金 50 000 元。

③ 要求男方向女方返还女方长期以来给付给男方的所有款项(金额以银行转账记录为准)。

④ 要求孩子的抚养权归女方,男方每月给付女儿抚养费 2 000 元。

二、律师意见

鉴于上述情形,为避免讼累及影响到您的名誉及信用,本律师希望您能通过非诉讼协商方式妥善处理上述离婚事宜。

对于婚生女儿的抚养权,考虑到小阳××自出生起就跟外婆外公一起生活的客观事实,为了孩子的健康成长,为了尽可能地减少对孩子的伤害,建议孩子由徐女士抚养,具体事宜可进一步协商确定。

如果您与徐女士无法就离婚事宜达成协议,本律师将依法代理徐女士提出离婚诉讼,维护其合法权益。

同时,本律师郑重地提醒您注意以下几点:

① 如果您未能以非诉讼协商方式处理离婚纠纷事宜而付诸诉讼及法院执行,对涉及在您名下但属于夫妻共同所有之财产,将由法院按您的过错判决,并将判决书交付有关单位要求协助执行,届时,对您名誉及信用将有极大损害,且对您今后再婚存在诸多不利。

②　同时,在法院有效判决出具之前,请您勿擅自处理您名下的财产,按照婚姻法的相关规定,一方隐藏、变卖、毁损夫妻共同财产,或伪造债务,法院判决分割时应该少分或不分,并应当承担相应法律责任。

故此,敬请您在收到本律师函后三日内与徐女士商谈离婚的具体处理细节。本人愿意作为你们两位的中间人,充分调和两位的意见,以尽力促使两位通过协商和谐处理好离婚事宜。

敬请慎处,以免不必要的麻烦和损失。

特此致函。

广东×××律师事务所

律　师×××

二〇一三年十一月四日

(二)抚养权纠纷律师函

范文:

律师函

××××先生:

×××律师事务所接受邓××及其法定代理人的委托,就要求您支付您儿子抚养费一事,郑重致函您本人。

邓××于2009年2月5日出生,现年6岁,属于未成年,根据《婚姻法》第二十一条"父母对子女有抚养教育的义务;子女对父母有赡养扶助的义务。父母不履行抚养义务时,未成年的或不能独立生活的子女,有要求父母付给抚养费的权利。"

同时《婚姻法》第三十七条规定:离婚后一方抚养的子女,另一方应负担必要的生活费和教育费的一部或全部,负担费用的多少和期限的长短,由双方协议;《最高人民法院关于人民法院审理离婚案件处理子女抚养问题的若干具体意见》第7条规定,子女抚育费的数额,可根据子女的实际需要、父母双方的负担能力和当地的实际生活水平确定。有固定收入的,抚育费一般可按其月总收入的百分之二十至三十的比例给付。负担两个以上子女抚育费的,比例可适当提高,但一般不得超过月总收入的百分之五十。

因此,您儿子邓××有权依法要求邓先生支付抚养费。

现郑重函告邓××先生务必在收到此函后十五日内与本律师事务所承办律师或您儿子邓××的法定代理人协商支付您儿子邓××的抚养费事宜。否则,我方将依委托人之授权,循法律途径解决。

诚望邓先生能权衡利弊,做出有利抉择。

敬祝

祺安!

××师事务所

承办律师:××

×年×月××日

(三)继承纠纷律师函

范文一:

律师函

××××先生:

××律师事务所系根据中国法律登记注册的中国律师事务所,本律师函署名律师具有完全的合法执业资格。本律师依法取得陈××(以下称委托人)的授权,就你与委托人之间关于财产继承等相关事宜,郑重致函如下。

　　根据委托人提供的资料显示,你们是姐弟关系, 1986 年 3 月 18 日,你父亲陈远新名下因原有×××街 2 × 号面积为 ××.8 平方米的房屋,通过产权调换取得泡桐街 × 幢 × 单元 × 号楼 × 楼套三,面积为 ×0.11 平方米的住房一套。其中,因产权面积增加等原因,你父亲向产权调换的市房地产经营公司补偿 2 419.35 元。1993 年 6 月 28 日,委托人通过四川省公证处发表《声明书》,记载该套住房你父亲去世后,办理房产证需要补钱,由你的四个姐姐分别承担 1 × 95 元,而你们每人继承你父亲的遗产份额为该套住房的 ×.85 平方米。根据 1994 年 8 月 11 日成都市房地产管理局颁发的《成都市房屋产权证》记载青羊区泡桐街 × 号 ×-×-×-× 2 号房屋面积 ××.11 平方米,房屋产权共有人为"黄义书等六人。"同时,委托人四人每人持有 1994 年 8 月 11 日成都市房地产管理局颁发的《成都市房屋产权共有人保持证》一本。

　　委托人提供资料还显示, 2008 年 12 月 19 日,你母亲在四川省成都市律政公证处立下了《遗嘱书》,并于当日办理《公证书》。遗嘱将她的个人房屋产权份额留给你和你的四个姐姐共同继承。2008 年 12 月 22 日,该公证处出具了《保管遗嘱证明书》。委托人提供的《成都市公民死亡医学证明书》显示:黄×,女,89 岁,于 2010 年 10 月 10 日 7 时 45 分死亡。根据 ××× 社区居委会材料显示,你母亲去世后社区曾组织你们进行调解,最终因分歧很大,你拒不到场,调解失败。

　　根据本律师的委托人陈诉,在社区调解失败后,你们所争议的房屋至今都是由你们双方共同控制,并一直闲置。你四个姐姐希望你到公证处共同领取你母亲的遗嘱,你拒不配合,导致你母亲的遗产至今无法分割,她们自己所有的房屋份额无法变现等。为此,我们特受委托向你发送律师函,希望你积极配合前往公证处领取你母亲的遗嘱，并配合执行该遗嘱。

本律师认为，你与我们的委托人是有这血缘关系的至亲之人，兄弟姐妹应当情同手足、互相关心、互相爱护、互相照顾。特别是，你们都年过花甲或年逾古稀、耄耋之年，更应该加强团结，共建和睦，维系亲情。既然，你们的母亲留有遗嘱，你们都应该予以尊重，遵照她老人家的遗愿执行。而且，根据委托人提供的证据分析来看，你母亲的遗嘱合理合法，对你们五个子女是一视同仁，平等对待，没有任何偏心，你理应尊重。

有鉴于此，本律师代表委托人函告如下：

请你接收或知悉本律师函之日起，十日内主动与你四个姐姐中的任何一人取得联系，共同约定具体时间前往公证处领取你母亲的遗嘱书，并执行该遗嘱。否则，你的四个姐姐将依法提起诉讼，请求人民法院对你们的纠纷依法裁判。届时，你们数十年的血缘亲情恐将弥漫诉讼的"硝烟"，严重损害你们血浓于水的亲情。

专此函告，望你慎思并妥善对待，为免诉累并失去亲情得不偿失。

××律师事务所

律　师×××

×年×月××日

二、侵犯人身权律师函

我国《民法总则》第一百一十条规定："自然人享有生命权、身体权、健康权、姓名权、肖像权、名誉权、荣誉权、隐私权、婚姻自主权等权利。法人、非法人组织享有名称权、名誉权、荣誉权等权利。"

《民法总则》第一百一十一条规定："自然人的个人信息

受法律保护。任何组织和个人需要获取他人个人信息的,应当依法取得并确保信息安全,不得非法收集、使用、加工、传输他人个人信息,不得非法买卖、提供或者公开他人个人信息。"

《民法通则》第一百二十条规定:"公民的姓名权、肖像权、名誉权、荣誉权受到侵害的,有权要求停止侵害,恢复名誉,消除影响,赔礼道歉,并可以要求赔偿损失。"

《侵权责任法》第十五条规定:"承担侵权责任的方式主要有:(一)停止侵害;(二)排除妨碍;(三)消除危险;(四)返还财产;(五)恢复原状;(六)赔偿损失;(七)赔礼道歉;(八)消除影响、恢复名誉。以上承担侵权责任的方式,可以单独适用,也可以合并适用。"

(一)侵犯姓名权律师函

《民法通则》第九十九条规定:"公民享有姓名权,有权决定、使用和依照规定改变自己的姓名,禁止他人干涉、盗用、假冒。"

侵权案例:

① 蔡先生开了一家龙虾餐厅,冠以大张伟的姓名,而且在餐厅的宣传中使用大张伟的名义进行虚假宣传,使得他人误以为大张伟亲临为餐厅宣传,从而吸引更多顾客消费;而且直接将自己的照片标明"大张伟"之名,实则是冒充"大张伟"参加商演,涉嫌侵犯了大张伟的姓名权。

② 名人名字商标抢注。武汉××体育用品有限公司未经同意擅自生产和销售"姚明一代"产品,我国知名篮球运动员姚明向法院起诉被告侵犯其姓名权和肖像权。

③ 我国著名跨栏运动员刘翔申请注册"刘翔"商标被驳,因为上海刘翔实业有限公司在26年前已经注册了"刘翔牌"商标。

④ 2012 年伦敦奥运会结束不久，"林丹"牌饲料、"叶诗文"牌泳衣等商标注册信息不断出现，新晋奥运冠军的运动员姓名成为新的商标抢注热点。

⑤ 2012 年 10 月，莫言获诺贝尔文学奖，莫言姓名成为商标抢注的热点。北京一工程师 6 年前注册的"莫言醉"白酒商标，转让价高达 1 000 万人民币，其价值是当初注册花费的一万倍。

范文一：

律师函

×××公司：

受邓××先生委托，×××××律师事务所指派本律师，就贵公司擅自使用邓××的姓名、肖像用于餐厅运营，涉嫌侵害邓××姓名权和肖像权事宜，特此向贵公司致函如下：

×××公司擅自使用邓××的姓名命名"邓××音乐主题餐厅"，并且在电视宣传片、广告、团购网站及餐厅室内外设计、菜单、手提袋等众多显著位置图书使用多幅邓××肖像照片。邓××作为知名歌星，其姓名、肖像具有一定的商业价值。贵公司在未取得邓××近亲属授权同意的情况下，擅自使用邓××姓名及肖像从事餐饮业经营牟利的行为不仅降低了邓××的社会评价，同时也给邓××先生造成了极大精神伤害。

本律师认为，如果我的委托人所述情况证实属实，贵公司的上述行为将构成对我的委托人名誉权的侵权，我的委托人依法有权要求贵公司承担侵权责任，包括但不限于停止侵害、赔礼道歉、赔偿损失。

鉴于此，本律师正式致函贵公司：

自本函发出 3 日内，请贵公司应立即停止使用邓××的姓名和肖像进行餐厅经营的行为,并赔偿我委托人相应的精神损害费用____元。

作为律师,我们尊重事实、崇尚法律,如果我的委托人的正当合法权益受损,我将接受我的委托人的委托,通过司法救济程序,澄清相关事实,追求侵权方的法律责任。

此致

×××××律师事务所

××××律师

×年×月××日

(二)侵犯名誉权律师函

《民法通则》第一百零一条规定:"公民、法人享有名誉权,公民的人格尊严受法律保护,禁止用侮辱、诽谤等方式损害公民、法人的名誉。"

范文一:

律师函(新闻报道失实侵权)

"××××"自媒体:

本律师接受×××股份有限公司的委托,就"××××"发布失实文章一事致函如下:

"××××"自媒体于2018年10月19日公开发表了一篇标题为《××××××》的文章。具体链接见附件,此文章一经发出,即对×××公司造成了不良影响。

此文章在没有客观根据的情况下,对×××公司内部多位高管之间的关系做了无中生有的猜测,诸如"×××品牌及公关处总经理李××(Sherry)与李×存在亲属关系"等等,这些凭空捏造的观点,一定程度上伤害了公众对×××公司和×××品牌的感情,也使当事人受到了很大的精神伤害。

文章还对×××公司存在许多偏见与极不公正的描述，例如："作为一个从电池业务发展而成的这'帝国'，×××内部的人是复杂程度远超同类企业。在有家人、同学和投资人组成的'泛家族圈'中，每个人都在忙着赚钱"等等段落，这些评价简直莫名其妙、匪夷所思，充满了对×××公司的诋毁。

鉴于上述失实文章已对本律师委托人名誉造成了重大不良影响，为维护本律师委托人的合法权益，依据《中华人民共和国侵权责任法》第二条及第三条，本律师特发函给你，请你在收到本律师函后于十二小时内删除上述不实文章。

以上内容，请慎重考虑。

如有任何疑问，请与本律师联系：×××公司律师，办公电话：××××××

范文二：

律师函（个人侵权）

××集团总裁陈×先生：

北京××律师事务所接受王×女士委托，就你发布不当言论损害王×女士名誉一事，指派本律师向你发出此函。

一、你针对王×女士发布不当言论的行为，严重侵犯了王×女士的名誉权。

根据王×女士本人陈述并结合相关证据，事实如下：2019年2月14日，王×女士通过个人微信朋友圈发布了《那个从××离职的漂亮女高管，从来不过情人节》一文。此后，你通过微信（微信名陈×，微信号：×××）朋友圈转发该文，并发布如下言论："一般情况下……但是吹牛×要有个度吧，王

×你怎么就成了××高管了？那些合影怎么来的自己没点儿数吗？这么多年了，心思花在正经工作上不行吗？永远都在要这些小心机，何必呢？"

2019年2月15日王×女士对你公开回应了《致××高管陈×的一封公开信》。你再次针对王×女士发表如下言论："离职创业的前同事……我至今见哪一个人靠夸张的假身份招摇撞骗，靠胡编乱造消费前东家前同事的，不好意思我觉得是给我们这些还在公司的人丢脸。"以上言论在网络上被大量传播，引起广泛关注。此后出现了《自称"××离职高管"做微商遭打脸：其实是被裁》《美女冒充××离职高管卖面膜，这是欺骗消费者》等热门文章。

你作为知名公司副总裁，使用"吹牛×""招摇撞骗"等词语公然在网络上侮辱你的前同事王×女士，使她遭受网友的恶意评论和媒体的负面报道，造成了王×女士的社会评价降低，并给王×女士带来了极大的精神痛苦。

二、律师意见

基于以上情况及《民法通则》《侵权责任法》等法律规定，本律师以为：你应对上述侵权行为向王×女士承担侵权法律责任。具体方式为：（一）停止侵害；（二）赔偿损失；（三）赔礼道歉；（四）消除影响。

三、律师函告

1. 请你接到本函后，立即在你的朋友圈（微信名陈×，微信号：×××）公开向王×女士道歉，以消除你的侵权行为给王×女士造成的不良影响。

2. 请你自接到本律师函之日，立即就侵权行为向王×女士支付精神损害抚慰金人民币壹元整。

如你未能履行上述函告内容,则本律师事务所接受王×女士的进一步委托,通过诉讼方式追求你侵害名誉权之法律责任。请你慎重考虑法律后果!

北京××律师事务所

承办律师:×××

×年×月××日

范文三:

律师函(微信、微博文章失实侵权)

×××公司:

受×××××公司和×××先生(单称"××公司、×先生",合称"我的委托人")委托,×××××律师事务所指派本律师,就贵公司发布的题为"×××××××××"一文涉嫌侵害×××××公司商誉权和×××先生名誉权事宜,特此向贵公司致函如下:

2018年12月25日,贵公司所有的微信公众号"×××××××"及官方微博账号"××××"发布了一篇名为《×××××××××××》的文章,截至2018年12月27日,仅微信公众号"×××××××"上显示的文章阅读量已达到10万+。根据我的委托人介绍,贵公司上述文章中所涉及的情况与事实严重不符,上述文章的迅速传播已严重影响了×××××公司的正常经营,并对×××××公司的商誉和×××先生的名誉造成了极为恶劣的影响。

本律师认为,如果我的委托人所述情况证实属实,贵公司发布的上述文章中的不实言论已构成对我的委托人的名誉权的侵权,我的委托人依法有权要求贵公司承担侵权责任,包括但不限于停止侵害、赔礼道歉、赔偿损失、消除影响和恢复名誉。

鉴于此,本律师正式致函贵公司:

请贵公司在收到本函之后,立即删除上述争议文章及所有相关的其他文章和讨论,以免对我的委托人的合法权益造成进一步损害。

作为律师,我尊重事实、崇尚法律,如果我的委托人的正当合法权益受损,我将接受我的委托人的委托,通过司法救济程序,澄清相关事实,追求侵权方的法律责任。

此致。

×××××律师事务所

×××律师

×年×月××日

(三)侵犯肖像权律师函

《民法通则》第一百条规定"公民享有肖像权,未经本人同意,不得以营利为目的使用公民的肖像。"

范文一:

律师告知函(至平台)

致:上海××数码科技有限公司

上海××律师事务所、上海××律师事务所接受蔡××先生(下称"委托人")的委托,由李××律师、詹××律师(以下称"律师")就贵司主办并经营的互联网站"××"上发布的严重侵犯委托人权利的相关内容郑重通知贵司。

我国《民法总则》第110条规定,"自然人享有姓名权、肖像权、名誉权、荣誉权等权利。"《民法通则》第101条规定,"公民、法人享有名誉权,公民的人格尊严受法律保护,禁止用侮辱、诽谤等方式损害公民、法人的名誉。"《刑法》第246条规定,"以暴力或者其他方法公然侮辱他人或者捏造事实诽谤他人,情节严重的,处三年以下有期徒刑、拘役、管制或者剥夺政治权利。"

贵司网站上存在大量严重侵犯委托人权利的内容,且点击量高、传播范围广,影响十分恶劣。上述内容不仅存在故意诽谤,滥用肖像,还使用了诸多侮辱性词汇,且对委托人的表演视频素材进行了恶意剪辑。这些内容的制作、上传、散布、转载传播者已经侵害了委托人的名誉权、肖像权、表演者权等权利,其中部分个人及自媒体等已经涉嫌构成刑事犯罪,造成了极大的不良社会影响。

同时,贵司网站上还存在大量其他显而易见的侵权信息,贵司作为该网站的所有者和经营者,理应对网站上存在的内容尽到合理的注意和审查义务,防止侵权及犯罪行为的发生。

请贵司接到此函后,立即删除上述侵权内容并断开侵权内容的链接。同时,贵司应尽到合理注意义务,对本函未列明的其他被侵权信息,亦应主动采取积极的技术措施,永久删除并屏蔽阻断侵权内容,确保之后在网站上不再出现任何侵犯委托人权利之内容。

委托人已授权律师段集相关证据,目前已完成相关取证工作,并将采取包括但不限于民事、刑事诉讼等一切方式追究侵权者的法律责任。

附:侵权链接

上海××律师事务所　上海××律师事务所

李××律师　唐××律师

×年×月×日

范文二：

律师函（滥用肖像权侵权）

致：陈××

由：北京××文化传播股份有限公司、周××工作室

关于：通过个人微信公众号和今日头条号发布文章构成对周××小姐名誉权等相关权利之侵犯的律师警告函

日期：2015年10月24日

北京××律师事务所（以下称本所）接受北京××文化传播股份有限公司、周××工作室（以下合称委托人）之委托，指派本律师向你发出律师函。

经查，你于2015年10月23日通过个人微信号"×××"（微信名"×××"）、今日头条号"×××"发布文章。文章以图文形式写就（文字配周××小姐肖像照片），以周××小姐与其他演艺人士做无端比对作引，并写到"这个女人味真的有点over了，有点像某天你嫌某人身上有汗臭，第二天他喷了半瓶香水来见你，害得你以为自己香薰过敏的感觉。过犹不及呀。有突然发现，其实汗臭比喷半瓶香水还好闻，他不再喷香水了，你也不再抱怨了。这个世界的审美在妥协中和谐了。后面，周××又变得不太女人了，还是做自己好"，等等。

本律师认为：使用周××小姐的肖像构成了对周××小姐的肖像权侵权；过度消遣艺人，相关言论已完全突破言论自由的范畴，经本所与委托人核实，文章中还有部分内容纯属捏造，已构成了对周××小姐名誉权的严重侵害。

根据委托人对本所的委托，并经本所指派，本律师现严正要求如下：

一、立即删除你个人微信公众号和今日头条号中的涉案文章。

二、立即停止通过一切方式发布或传播涉案文章。

三、你负有监控涉案文章被其他媒体转发的责任,如有发现其他媒体转发涉案文章的,你有义务立即请求删除处理。

四、你应于函至24小时之内向周××小姐做书面道歉,道歉内容应提交给本律师并需经本律师审核,本律师审核确认并交给你之后的24小时之内,你有义务于个人微信公众号和今日头条号将书面道歉信予以连续公布,连续公布时间不得少于七天。

相关侵权事实今日已由公证机构予以证据保全,并将作为诉讼之用。委托人保留诉讼、要求经济赔偿及精神损害赔偿等一切权利。受托函至如上,请查照办理!

北京××律师事务所

××律师

×年×月××日

范文三:

律师函

_____摄影公司:

_____律师事务所依法接受_____的委托,特指派本所_____律师就贵公司侵犯委托人肖像权的相关事宜,致函如下:

委托人曾于____月在贵公司拍摄了一组照片,近期发现这些照片被制作成大幅宣传相册供顾客阅览,并用于公司招揽生意。根据《中华人民共和国民法通则》第一百二十条规定:公民的姓名权、肖像权、名誉权、荣誉权受到侵害的,有权要求停止侵害,恢复名誉,消除影响,赔礼道歉,并可以要求赔偿损失。贵公司未经同意使用委托人的照片用作商业宣传,构成侵权,应当承担侵权责任。

鉴于以上事实,委托人特授权本律师向贵公司郑重函告:

自本函发出 3 日内,贵公司应立即停止使用了该相册,并赔偿我委托人相应的肖像权、名誉权、荣誉权损失费用_____元。

经本函告知后,若贵公司拒不按照上述正当要求办理,本律师将依委托人授权,对贵公司采取包括诉讼在内的一切必要措施,以维护其合法权益。届时将会不必要地耗费贵司大量的时间及精力,并对贵司一贯良好的声誉带来负面影响。

顺祝商祺!

×××律师事务所

×××律师

×年×月×日

(四)侵犯隐私权律师函

律师函

贵阳××花园酒店:

北京××律师事务所受吴××先生(网名:"花总丢了金箍棒",以下简称"花总")的委托,指派周××律师、龙××律师就贵酒店(贵州××酒店管理有限公司××酒店分公司)对委托人花总个人信息被泄露一事,致函如下:

经调查,2018 年 11 月 16 日贵酒店在其官方微信工作群内,擅自发布花总的"护照信息图片",同时发表针对花总的"不当言论"。由于贵酒店以上违法行为,直接导致花总个人信息在互联网上被广泛传播,这是对花总个人隐私的公然侵犯和践踏;也是将花总人身安全推向极其"危险的境地",我们知道花总的个人身份信息,如被犯罪分子利用从事违法犯罪活动;或者犯罪分子通过被泄露的个人信息了解到花总的活动轨迹,对花总实施故意伤害、绑架等犯罪,其危险后果是无法想象的。因此,贵酒店不仅是一种违法侵权行为,甚至不排除是一种犯罪行为。

贵酒店作为贵阳市第一家××花园品牌酒店,属于××全球酒店集团旗下重要品牌,却发生如此"骇人听闻的侵权事件"。这严重背离了《××全球酒店集团全球隐私权声明》,同时也严重违反了中国的相关法律。事发后,尽管我们注意到贵酒店就该事件表示道歉,但是作为花总以及代理律师,我们认为贵酒店仅仅道歉是不够的,必须给委托人一个合理的解释。

据了解,花总从未在贵酒店入住,那么其个人护照信息从何而来? 花总个人信息被泄露,到底是贵酒店员工的个人行为,还是贵酒店的行为? 这侵权的背后,是否牵涉侵犯公民个人信息犯罪? 作为委托人以及代理律师,我们有权了解真相。

鉴于贵酒店的上述行为,我们郑重向贵酒店提出以下要求:

1. 希望贵酒店在收到本律师函之日 7 日内,与本律师联系,就贵酒店泄露花总个人信息的《情况说明》以书面形式加盖印章后,报本律师。

2. 希望贵酒店在《情况说明》中明确非法获取花总护照信息的来源。

本律师认为, ×× 酒店作为一家历史悠久、享誉全球,具有国际知名度的高端酒店,理应该拿出全球企业的责任和担当,本着对消费者负责,对公众负责的态度,及早解决此事,以免诉累。

本律师已就相关侵权内容作了证据保全,若贵酒店未在上述期限内采取以上措施,本律师将通过法律途径追究贵酒店法律责任,以维护委托人花总的合法权益。

联系人:周××律师　电话:×××××

特此函告!

北京××律师事务所

周××律师

×年×月×日

三、合同纠纷律师函

在合同纠纷中,律师函可用于催告收函方履行合同义务,通知解除合同,依约依法主动承担违约赔偿责任。一旦出现违约情况,应当通过发律师函催告的方式固定收函方违约的事实,同时借此进行交涉,敦促收函方履行合同义务。在催告无效后,收函方继续违约,导致合同目的不能实现的,可以再发律师函通知解除合同,告知收函方应承担的责任,要求收函方自觉承担,否则将面临不利后果。在合同纠纷中,及时采取发律师函的方式进行交涉和催告,将有效预防合同纠纷的恶化,即使进入诉讼程序,也可以取得证据上的主动,为胜诉奠定基础。

(一)买卖合同纠纷律师函

1. **一般买卖合同**

范文一:

律师函(催告支付货款)

××××××××× 公司:

××××律师事务所接受×××××××(以下简称"甲

公司")的委托,指派××律师、××××律师(以下简称"本律师")就贵司与甲公司签订两份《购货合同》的相关事宜进行沟通、交涉,根据甲公司的陈述以及提供的资料,贵司已严重违约,为避免给贵司造成更大的损失、不影响到贵司的商誉,特向贵司致函如下:

一、合同签订及履行情况

1.×年×月×日至×年×月×日期间,甲公司陆续向贵司发送 LED 机动车信号灯等货物,并开具增值税专用发票,总价值××××元,×年×月×日,贵司与甲公司补充签订《购货合同》(编号为××××××)一份,对甲公司已发送的货物总值进行了确认,并约定甲公司于×年×月×日前向贵司交货,自甲公司向贵司交付货物之日起 60 日内,贵司结清全部货款。但贵司至今未向甲公司支付任何款项。

2.×年×月×日,贵司与甲公司签订《×××××》(编号为 G×××23)一份,双方约定:甲公司向贵司提供车道指示信号灯等货物,总价款 325 280 元,自甲公司向贵司交付货物之日起 60 日内,贵司结清全部货款。贵司无正当理由拒绝支付货款,应向甲公司支付合同总金额 0.3%的违约金。

合同签订后,2015 年 3 月 24 日至 2015 年 9 月 16 日期间,甲公司已向贵司提供该合同项下的所有货物,并开具增值税专用发票,贵司在支付 100 000 元货款后,未向甲公司支付剩余货款 225 280 元。

综上所述,贵司未付货款金额合计为 329 370 元。

二、贵司应承担的违约责任

根据《合同法》第一百五十九条、《最高人民法院关于审理买卖合同纠纷案件适用法律问题的解释》第二十四条第三款之规定,贵司应立即向甲公司支付货款329,370元,并支付逾期付款违约金18 670.08元(截至2017年1月13日),违约金计算方式如下:

起止日期	天 数	本 金	日利率	倍 数	违约金
2015/11/15-2017/1/13	425	225,280	0.00013	1.5	18,670.08

注:年贷款利率按中国人民银行一至三年期(含3年)4.75%计算,日利率=4.75%÷365天=0.00013。

三、本律师意见

本律师认为:贵司的违约行为已给甲公司造成了严重的经济损失,贵司如不及时支付货款,甲公司将继续计收违约金,直至贵司付清货款之日止,望贵司在收到本律师函之日起十日内,向甲公司偿还货款人民币329 370元,并支付违约金18 670.08元。若贵公司对欠款余额有异议,可在收到本函之日起七日内以书面形式提出。否则,甲公司将委托本律师事务所代其通过诉讼方式解决此事。

望慎重考虑此事,尽快履行还款义务,以免诉累!

此致

_____律师事务所

律师:_____

联系电话:_____

_____年____月____日

范文二:

律师函(催讨货款)

××××有限公司暨张××先生:

×××律师事务所接受××××有限责任公司(以下简称

"委托人")的委托,依法指派本律师作为其代理人。处理贵司拖欠委托人货款纠纷事宜,今特向贵司致函如下:

一、基本事实

依据2015年12月15日委托人与贵司所签的"结算协议"及2016年3月20日贵司所确认的"往来对账单",贵司尚拖欠委托人货款369 316.49元。该款经委托人多次向贵司催要,但截止发函之日仍未得到清偿。贵司拖欠货款的行为已经侵犯了委托人的合法权益,并且给委托人的生产经营和资金的周转造成了严重的影响。

二、法律分析

根据《中华人民共和国合同法》第六十条规定:"当事人应当按照约定全面履行自己的义务。"

第一百零七条规定:"当事人一方不履行合同义务或者履行合同义务不符合约定的,应当承担继续履行、采取补救措施或者赔偿损失等违约责任。"

第一百零九条规定:"当事人一方未支付价款或者报酬的,对方可以要求其支付价款或者报酬。"

贵司拖欠委托人货款的行为已经违反了《民法总则》及《合同法》等相关法律的规定。

三、我们的要求

鉴此,我们郑重向贵司提出如下要求:

请贵司务必在接到本律师函十日内向委托人出具还款计划,并按计划积极履行还款义务。最迟于2016年4月10日前付清全部款项。

望贵司本着诚实信用的原则,珍惜双方来之不易的合作关系,以商业信誉为重,审慎对待此事,积极履行给付货款义务。否则我们将采取法律措施来追究贵司的法律责任,以维护委托人的合法权益。望贵司在收到本律师函十日内给予书面答复。

请慎对之，以免讼累！

特此函告！

_____律师事务所

律师：_____

联系电话：_____

_____年____月____日

范文三：

律师函（产品质量）

×××× 有限公司：

×××× 律师事务所依法接受 ×××× 有限公司（以下简称"×× 公司"）的委托，特指派本所 ××× 律师就贵公司违约交付不符合质量要求的机台设备相关事宜出具本律师函。

× 年 × 月，贵公司与 ×× 公司签订了合同编号为 ××××× 的《销售合同》，约定由贵公司向 ×× 公司销售 30 台 ×××× 型的机台设备，设备总价款为 ×××× 元整。合同签订后 ×× 公司如约履行了合同义务。× 年 × 月底在安装 ×× 公司销售给客户从贵公司购买的 ×××× 型的机台设备时，发现其中一台机器无产品序列号，并且没有任何贵公司的产品标签，客户方签收人员误以为是组装的二手机器，因此拒绝签收。就这一事宜 ×× 公司已经函告贵公司协商解决途径，贵公司至今没有任何答复。

本律师认为，贵公司与 ×× 公司之间签订的《销售合同》是双方真实意思表示，不违反法律、行政法规的强制性规定，该合同合法、有效。双方应当严格按照合同的约定全面履行自己的义务。贵公司的行为已构成违约。

本着平等协商、友好沟通、长期合作的原则,希望贵公司在收到本律师函后七日内与我方联系,就以上产品质量问题提出具体整改方案和意见。否则我方将采取相应的法律手段就贵公司的违约行为追究贵公司的法律责任,并就我方可能因此所遭受的经济损失向贵公司进行索赔。

最后,本律师希望贵公司在收到律师函后严肃认真对待此事,如果错过最好的处理时机,一切后果自行承担。

特此函告!

顺祝

商祺!

＿＿＿＿＿＿＿律师事务所

律师:＿＿＿＿＿＿

联系电话:＿＿＿＿＿＿＿

＿＿＿＿年＿＿月＿＿日

范文四:

律师函(产品质量)

江西某公司:

本所指派秦永民律师担任河南某光伏太阳能有限公司(以下简称某公司)的常年法律顾问,根据委托人的授权,现将委托人某公司与贵公司之间有关石英坩埚变形、渗硅及退赔事宜函告如下:

一、贵公司销售给委托人某公司的一批石英坩埚,在正常使用中发生变形、渗硅,某公司也注意到贵公司《外联函》提到的坩埚变形可能原因分析。经技术人员核查,贵公司所分析的可能原因均不存在,某公司同时购买的其他厂家的相同产品,在相同的生产工艺情况下,其他厂家产品均能正常使用,并未发生变形,且经多次试验均是如此。从而排除了某公司生产工艺等可能原因,确定系贵公司该批次产品质量本身问题所致。

二、贵公司某经理12月初承诺要到某公司现场试验,但时至今日,未见到贵公司有关人员出面解决问题。贵公司对客户遇到的问题采取消极态度,让我的委托人某公司感到十分遗憾。如贵公司派人来某公司试作仓库坩埚,请交纳所试作产品的等价(合同价)风险金。

三、妥善处理彼此争议,积极面对问题并敢于承担责任,这是一个良好信誉的企业所应具有的高尚品质。希望贵公司将尚存于某公司仓库的坩埚产品及时退货。对已经发生变形的产品交由贵公司收回退款,并对由此给某公司造成的损失造价赔偿。为维护贵公司在市场上的信誉,也为减少委托人某公司的经营损失,本律师以促进双方和谐解决彼此问题为根本出发点,慎重而又诚意地向贵公司特发此律师函。

如贵公司在收到本律师函五日内未做出相关表示或作为,本律师视为函告对贵公司无效,我方将依据《购销合同》依法向人民法院提起诉讼,以达维权之目的。还望贵公司慎重考虑。

　　顺祝

　　商祺!

_____律师事务所

律师:_____

联系电话:_____

_____年____月____日

2. 房屋买卖合同

范文一：

律师函（房产交付）

北京×××房地产开发有限公司：

北京×××律师事务所接受×××的委托，现就贵公司与第三方存在纠纷，交房履行存在严重瑕疵，致使我委托人所购房屋自交房当时便被侵占，无法及时充分行使财产权利事宜。现特致此函，望能够引起高度重视、妥善解决，以免激化矛盾，对双方造成不必要的损失。

2016年4月12日，我委托人与贵公司签署商品房现房买卖合同，购得北京市通州区×××41号楼3层305号房屋。且该房屋于2016年6月2日予以交房。但因贵公司与第三方存在纠纷未予解决，交房当时该房屋便已被第三方侵占至今。

贵公司作为房屋出售人依法应当确保购买人能够对所交付房屋及时充分享有占有、使用、受益、处分等全部财产权利。贵公司与第三方之间的任何纠纷，应由你们双方直接协商解决，无法协商的情况下可以通过法律渠道予以解决；但无论解决与否均与我委托人无丝毫关系，亦不得影响我委托人对该房屋行使权利。

现因你方无法及时妥善解决与第三方之间的矛盾，交房履行时存在严重瑕疵，致使我委托人无法及时充分行使所有人之权益，已经构成严重违约，侵犯我委托人之合法权益，依法应及时清退侵占人员，交付房屋，并承担相应违约责任。

现特致此函予贵公司，限三日内妥善解决与第三方之间的纠纷，并交付房屋，并承担违约责任。否则，本律师事务所将代表委托人,通过一切法律手段,追究贵公司包括刑事、行政、民事责任在内的全部法律责任;届时,所产生一切后果,将全部由你方承担。

　　此致

　　　　　　　　　　＿＿＿＿＿＿律师事务所

　　　　　　　　　　　　律师:＿＿＿＿＿＿

　　　　　　　　　　联系电话:＿＿＿＿＿＿＿

　　　　　　　　　　＿＿＿＿年＿＿月＿＿日

范文二:

律师函(催促履行)

深圳××房地产开发有限公司:

　　广东×××律师事务所依法接受宋女士的委托特指派许律师担任宋女士的代理人,现本代理人就你公司与宋女士房屋买卖纠纷一事致函如下:

　　经过审核宋女士所提供如下材料:《深圳市房地产认购书》《深圳市房地产认购书补充协议》《收款收据》《银行消费记录》《短信交涉记录》等。

　　依据宋女士陈述以及对上述材料的审查,我们初步认定如下事实:

　　宋女士与你公司于2012年5月28日订立《深圳市房地产认购书》中约定:合同所涉及房产位于你公司珠江×项目第×栋×层×号房,房产价格总额1 645 206元人民币;订立该认购书之日,宋女士需向你公司交付定金拾万元人民币整;认购书订立后七日内,双方需订立正式买卖合同。

　　宋女士和你公司于2012年5月28日订立《深圳市房地产认购书补充协议》中约定:宋女士需在2012年6月4日前

付清首期购房款肆拾万元,2012 年 6 月 30 日前付清第二笔购房款共计肆拾贰万伍仟贰佰零陆元,余款捌拾贰万元由宋女士向银行办理按揭支付。

宋女士已经按约定向你公司支付认购定金拾万元整。首期购房款宋女士已按期支付。

你公司在认购书订立之后拒不与宋女士订立正式购房合同,迄今(至 2012 年 6 月 19 日)已经逾期十五天。

根据以上认定的事实,本律师认为:

宋女士与你公司 2012 年 5 月 28 日订立《深圳市房地产认购书》及《深圳市房地产认购书补充协议》均合法有效,双方都应按约履行,任何一方拒不履行或是违约都应承担违约责任。

宋女士已经按约履行其约定义务。

你公司经宋女士多次催促,仍拒不按约定期限和宋女士订立正式房屋买卖合同已经构成违约,应向宋女士双倍返还定金,即贰拾万元整。

你公司应按约定和宋女士订立正式房屋买卖合同。

受托申明

你公司在收到本函后三日内与本律师取得联系或直接将上述款项支付与宋女士;

如你公司仍然拒不履行上述义务,我们将依据法律以及宋女士授权采取进一步行动。

为贵公司良好社会形象,以上供你公司考虑。

特此函告!

　　　　　　　　　　＿＿＿＿＿＿＿律师事务所

　　　　　　　　　　律师:＿＿＿＿＿

　　　　　　　　　联系电话:＿＿＿＿＿＿＿

　　　　　　　＿＿＿＿＿年＿＿月＿＿日

范文三：

律师函(退还定金)

×××房地产开发有限公司：

您好！我是××××事务所执业律师,受我的当事人刘先生的委托,就贵司拒绝退还我当事人十万元定金事宜特郑重致函如下：

我方刘先生于2013年10月19日与贵司签订了《北京市商品房认购书补充协议》,同时我方于当日向贵司以刷卡方式支付十万元定金,后经我方成熟考虑后我方又于次日向贵司提交了要求撤销《补充协议》和退还定金的申请,贵司予以无理拒绝。

我方要求退还定金的理由如下：1.我方与贵司未签订正式的《认购协议》,故所谓的"《认购书补充协议》"没有签订的基础;2.经向北京建委官方网站查询,我方欲购买的××项目i2.1307号"商品房"为不可售状态,应该存在抵押的情况,而贵司在与我方签订《认购书补充协议》时未予充分说明,协议内容中也没有体现,故我们以为贵司对此存在欺诈;3.《认购书补充协议》只代表我方的购房意向,并不能代表我方真正确定购房,且双方未签订正式的《商品房预售合同》,贵司所售的该套房屋也不是真正意义的可售商品房;4.双方对所售房屋的楼层、朝向、户型、交付条件等重要内容均没有涉及,因此双方还没有正式对房屋买卖达成真正合意。

本律师认为,依据《中华人民共和国合同法》及相关司法解释的相关规定,我方完全有权要求撤销此前签订的《北京市商品房认购书补充协议》并同时要求贵司退还定金。

综上,本律师本着诚实信用、友好协商的原则特致此函,希望贵司在收到此函后五日内给予明确答复,积极配合我方撤销《补充协议》并退还我方已交付的定金。如贵司在上述期限内未予明确答复或明确予以拒绝,我方将向有管辖权的人民法院提起诉讼,依法提出上述合理主张并另外要求贵司加付逾期期间的合理利息,同时还将视情况向贵司提出欺诈赔偿。

此致

顺祝商祺!

×××律师事务所

×××律师

×年×月×日

范文四:

律师函(房屋质量)

××××公司:

×××律师事务所接受委托人×先生的委托,就×先生所购买的贵公司开发的×××号房屋的阳台天花板长期发霉、脱落的问题郑重致函贵公司。

根据×先生提供的资料及其陈述表明:×先生于×年×月×日购买的房屋,于×年×月×日入住,装修之后发现,阳台天花板开始发霉变黑,并经常脱落,遂与贵公司和物业管理处进行交涉。物业管理处于2006年对该阳台进行检查,但查不出来问题出在何处,随后进行了简单维修,没有持续多久,天花板又开始发霉变黑,并经常脱落;物业管理处于2008年对该阳台再次进行维修,没有维持多久,天花板又开始发霉变黑,并经常脱落,特别是大风时,大片脱落的石灰粉块很危险。如此情形反复,持续几年,对×先生的居住、生活带来巨大影响严重影响其心情并造成精神上的困扰。

在此之后,×先生又多次与贵公司或物业管理处联系,希望得到妥善的、彻底的解决,但贵公司及物业管理处一直予以拖延,不肯正面回应帮助解决问题。

根据《最高人民法院关于审理商品房买卖合同纠纷案件适用法律若干问题的解释》第十三条第二款的规定,交付使用的房屋存在质量问题,在保修期内,出卖人应当承担修复责任;出卖人拒绝修复或者在合理期限内拖延修复的,买受人可以自行或者委托他人修复。修复费用及修复期间造成的其他损失由出卖人承担。

鉴于上述司法解释及其他法律规定,本律师认为,贵公司应该及时全面的履行合同,尽快承担保修义务,因贵公司修房而影响到的×先生的工作而导致的误工等相应损失也应该由贵公司承担。

我们以积极、谨慎、诚恳的态度致函贵公司,目的是为了避免不必要的诉累和减少不必要的费用支出,同时也是为了顾及贵公司市场声誉,请贵公司认真对待,并采取积极有效的措施尽快予以解决。请贵公司在接到此函10日内将处理意见回复本人或直接联系×先生。

顺祝商祺!

×××律师事务所

×××律师

×年×月×日

(二)借款合同(纠纷律师函)

范文一:

律师函(借贷合同)

致:陕西×××有限公司

律师事务所接受(以下简称委托人)的委托,指派律师就贵司到期拒不偿还××10万元借款及利息的相关事宜,郑重致函贵司。

出具本律师函前我们了解到:

贵司与委托人于×年×月×日签订了《借款担保合同》,该合同约定:"委托人向贵司出借人民币10万元整,借款期限自×年×月×日至×年×月×日,借款利率为月息1.3%,从借款人实际交付借款之日起至本金结清之日。"合同签订后,委托人于签订合同当日向贵司出借了人民币10万元,贵公司亦向委托人开具了对应的收据。

现合同约定的还款日期已超过21个月之久,委托人多次向贵司催要借款,贵司均以各种理由推脱,截止到本函件发出之日,贵司尚未归还分毫本息。本律师认贵司与委托人所签订的借款合同是双方当事人自愿达成的协议,贵公司拒不履行还款义务的行为已严重损害了委托人的合法权益。

根据《合同法》第六十条、第一百零七条之规定,贵公司应该按照合同的约定全面履行自己的义务,贵公司的逾期还款行为有悖法律规定,违背了诚实信用原则,严重损害了委托人的合法权益,已构成违约,依法应当承担相应的法律责任。

现本律师受×××的委托正式向贵司致函如下:

1. 请贵公司收到此函后三日内与本律师或委托人联系还款事宜:偿还借款10万元,并支付借款利息。

2. 贵公司若置法律和本函不顾,本律师将通过法律途径解决,届时将对贵公司名下所有的财产采取查封、扣押、冻结等财产保全措施,从而实现对委托人合法权益的保护。望贵公司能审时度势,谨慎抉择,避免因此引发不必要的诉累和损失。

3. 如有任何情况可以和委托人××或本所承办律师联系。

特此函告。

顺祝

商祺!

×××律师事务所

×××律师

×年×月×日

范文二:

律师函(个人债务)

致:先生/女士

承委托人×××(以下简称"委托人")之授权,×××律师事务所××律师(以下简称"本所律师")受命,就您欠款事宜郑重致函。

根据委托人提供的材料和陈述,委托人与您于×年×月×日在××××签订《××××借款协议》,约定您向委托人借款×××元,借期×××,自×年×月×日至×年×月×日止,利息××,由×××提供担保,承担连带保证责任。

依照《××××借款协议》约定,委托人已于×年×月×日通过×银行转账方式将借款全款汇至您的××××银行账户,《××××借款协议》已生效,您于×年×月×日在××××出具《收条》,明确借款已全额收到。至此,委托人的出借义务已完成。

根据《××××借款协议》,您应于×年×月×日偿还借款及利息,但委托人至今未收到还款,且经多次电话催讨无果。

鉴于以上事实,委托人特委托本所律师正式函告如下:

1. 望接函之日起 2 日内偿还《××××借款协议》中欠款及利息,以及借款届满之日起至还款之日期间的利息(依照

《××××借款协议》约定的利息计),共计:××××元;

2. 若未按期足额还款,委托人保留通过司法途径追讨还款的权利,并将依照《××××借款协议》要求支付追讨欠款费用,包含但不限于诉讼费、律师费、差旅费等。

望慎重对待,避免不必要的诉累,特此函告!

顺祝

商祺!

×××律师事务所

×××律师

×年×月×日

范文三:

律师函(银行催款)

××××有限公司:

××××律师事务所接受中国民生银行股份有限公司××分行(以下简称民生银行)委托,指派本律师就贵司履行金融款合同事宜致函如下:

据民生银行提供的资料显示,贵司于×年×月×日与民生银行签订《流动资金贷款借款合同》(编号:公借贷字第×××号),借款金额为人民币(大写)壹仟万元整(小写)10 000 000.00元,借款期限为×个月。不仅约定逾期贷款的罚息利率为合同利率上浮50%,还约定因贵司违约致使采取诉讼方式实现债权的,贵司应承担民生银行为此支付的诉讼费、律师费、差旅费及其他实现债权、担保权利的费用。合同签订后,民生银行依约放款1 000万元,但贵司虽经催讨却未能按约还款,截止×年×月×日,贵方尚未偿还的银行贷款本金××万元以及逾期利息××元、罚息××元。

据此,民生银行授权本律师郑重函告贵方:希望贵方收到本律师函×日内,依约定履行还款责任即向民生银行还本付息并支付逾期还款的罚息及复利。否则,民生银行将采取进一步的法律行动。望妥善处理,尽快履行还款义务,以免讼累。

特此函告!

×××律师事务所

×××律师

×年×月×日

范文四:

借款合同律师函

致:××

自:××律师事务所

关于:敦促履行借款合同的通知

日期:×年×月×日

××:

贵方与 AA(个人、小额贷款有限公司等)(以下简称AA)借款偿还一事。经 AA 委托,××律师事务所 CC 律师(以下简称本律师或律师)对双方借款关系的有关情况进行调查,本着友好协商原则,向贵方郑重致函如下:

1. 贵方于 20×× 年＿＿月＿＿日＿＿＿＿＿＿＿与 AA 签订了《借款合同》,合同约定贵方向 AA 借款(人民币大写数字)万元,借款期限为×个月,借款到期后全部偿还本金,利随本清。律师认为,双方所签的合同合法、有效,相关权利义务内容明确,贵方应当按合同约定履行还本付息义务。

2. 依据合同约定,贵方最迟应当与 201× 年＿＿月＿＿日前还清全部借款,且利随本清。但时至今日,贵方皆未结清所有借款、利息，此行为已经构成违约。依据合同的约定，贵方将为违约行为承担相应法律责任。

本律师认为，贵方不履行合同约定义务的行为，已经构成根本违约。为保障 AA 的合法权益，避免损失的进一步扩大，本律师征得委托人同意，致函贵方，请贵方收到本函后 7 日内或者在 20×× 年＿＿月＿＿日前与 AA 联系履行相关义务，否则 AA 将委托律师采取相应的法律手段维护自己的合法权益。

特此函告！

×××律师事务所

×××律师

×年×月×日

（三）租赁合同纠纷律师函

范文一：

租赁合同纠纷律师函（拖欠租金）

A 公司：

本律师接受 B 公司（以下简称"B"）委托，就贵司拖欠 B 服务合同纠纷事宜，致函如下：

据 B 反映，＿＿＿＿年＿＿月＿＿日，贵司与 B 签订《服务合同》，合同期限为×年×月×日至×年×月×日，合同约定 B 租赁办公房屋给贵司，同时为贵司提供物流中转操作服务。

（1）＿＿＿＿年＿＿月＿＿日至＿＿＿＿年＿＿月＿＿日期间，B 为贵司提供中转平台操作服务，服务费共计＿＿＿＿元，贵司均未支付，扣除合作押金＿＿＿＿元与货物赔偿＿＿＿＿元，贵司尚欠 B 操作服务费＿＿＿元。

（2）《服务合同》表明，B将房屋出租给贵司，每月租金＿＿元，租期为＿＿＿＿，租金贵司均未支付。租赁期满后，B多次通知贵司退房，贵司均未回应，截至发函之日，已产生的房屋占用费共计＿＿＿＿＿＿元。因此贵司尚欠B公司房屋租金、占用费与水电费共计＿＿＿＿＿＿元。

综上所述，贵司尚欠B操作服务费与房屋租金及占用费共计人民币＿＿＿＿＿＿元。

本律师经审核B提供的相关材料，认为其反映的情况基本符合客观事实。根据《中华人民共和国合同法》和相关的法律法规，本律师认为贵司与B的服务关系与租赁关系合法有效，B已完全履行合同义务，贵司应当恪守合同约定支付相应费用。现要求贵司于收到本律师函3日内，向B支付上述款项，共计人民币＿＿＿＿＿＿元，同时B保留追究贵司违约责任的权利。如贵司逾期仍未退还或者没有退还完毕，B将依法维权，通过司法途径向贵司进行追索。

特此函告，请慎对之，以免讼累！

＿＿＿＿＿＿＿＿＿＿律师事务所

律师：＿＿＿＿＿＿

联系电话：＿＿＿＿＿＿＿＿

＿＿＿＿＿＿年＿＿＿月＿＿＿日

范文二：

律师函（解除合同）

×××××××公司：

＿＿＿＿＿＿＿＿律师事务所受＿＿＿＿＿＿＿＿公司（下称"我方委托人"）的委托，指派本律师负责处理贵司拖欠我方委托人房屋租金之事宜。在审查相关材料后，经我方委托人授

权,本律师特致函贵司:

依据我方委托人陈述及提供相关材料,本律师了解了如下事实:

1._____年____月____日,贵司与我方委托人签订了一份《_____房屋租赁合同》,向我方委托人承租位于_____的房屋。租赁期限为_____年(自_____年____月____日起至_____年____月____日止);租金标准为人民币_____元/月,租金支付方式为_____。

2.依据《中华人民共和国合同法》第227条之规定:"承租人无正当理由未支付或者迟延支付租金的,出租人可以要求承租人在合理期限内支付。承租人逾期不支付的,出租人可以解除合同。"贵司本应于_____年____月____日前向我方委托人支付租金,截止至今(_____年____月____日),已经逾期____日未支付房屋租金,已构成违约。

鉴于贵司的上述违约行为,我方委托人特委托本律师郑重声明如下:

1.贵司与我方委托人签订的《_____房屋租赁合同》于_____年____月____日之日解除;

2.请贵司于收到本函后____日内向我方委托人支付拖欠的房屋租金;

3.请贵司于收到本函后____日内退出房屋,并按合同约定和我方委托人办理房屋交接手续。

若贵司逾期未按我方要求履行相应义务的,则本律师将通过法律手段追究贵司的法律责任,以维护我方委托人的合法权益。届时一切后果以及与此相关的一切费用都一并由贵司承担。

特此函告,请慎对之,以免讼累!

＿＿＿＿＿＿＿＿＿＿律师事务所

＿＿＿＿＿＿＿＿＿＿律师

＿＿＿＿＿年＿＿＿月＿＿＿日

范文三:

<h1 align="center">终止合同律师函</h1>

致:＿＿＿＿＿＿＿＿＿＿＿＿

＿＿＿＿＿＿＿＿＿＿＿律师事务所依法接受＿＿＿＿＿＿的委托,指派本律师就您与＿＿＿＿＿＿＿签订的《租赁合同》的相关法律事务出具本律师函。

＿＿＿＿＿＿＿年＿＿＿月＿＿＿日,您与委托人就＿＿＿＿＿＿市＿＿＿＿＿＿＿＿＿路＿＿＿＿＿＿＿＿小区内的一套自有产权住房签订了《租赁合同》,合同约定乙方对该房屋进行主结构等大面积装修时需与甲方确认并征得同意方可进行,但你未履行合同约定,私自对房屋结构进行改造,损害了我委托人的合法权益,现依据我国《合同法》及相关法律、法规、司法解释,结合我委托人的要求出具以下律师函:

1.在您收到本律师函后,《租赁合同》在＿＿＿＿＿＿＿年＿＿＿月＿＿＿日到期终止,我委托人将不再与您续签租赁合同。

2.希望您收到本律师函后七日内搬离该租赁物,搬离时应当保留该租赁物的原貌,否则,我委托人将保留索赔的权利。

3.该租赁物的水、电等费用,您应当及时结清,否则,将从押金中扣除。

4.您在租赁期间私自改造房屋对我委托人造成的损失,希望您和我委托人协商解决。

望您慎重考虑诉讼带来的一切法律后果,思之慎之,以免讼累。

此致

敬礼!

＿＿＿＿＿＿＿＿律师事务所

＿＿＿＿＿＿＿＿律师

＿＿＿＿年＿＿月＿＿日

范文四:

律师函(限期腾退商铺)

致:公司(以下称"贵公司")

发自:＿＿＿＿＿＿＿律师事务所/＿＿＿＿＿律师

关于:＿＿＿＿＿＿＿＿＿＿＿＿事宜

日期:＿＿＿＿年＿＿月＿＿日

页数:＿＿＿＿页

先生/女士:

×××律师事务所依法接受＿＿＿＿＿＿＿＿有限公司(以下简称××管理公司)的委托,并指派本律师就您与××管理公司房屋租赁合同履行有关事宜,向您发出律师函如下:

根据委托人提供的资料显示,＿＿＿＿年＿＿月＿＿日,您与××管理公司签订《商铺租赁合同书》一份,合同约定××管理公司将其位于新航城2期3栋1、2号1层商铺出租给您作为电玩游戏经营使用;租赁期限为1年,自＿＿＿＿年＿＿月＿＿日起至＿＿年＿＿月＿＿日止。此外,合同第五条约定,若您愿意在租期届满后继续承租使用该房屋的,可提前90日向××管理公司提出书面续租申请,若在合同期限届满前30日××管理公司未收到您提出的续约通知时,视为您放弃续租,本合同自租期终止日结束。

鉴于《商铺租赁合同书》履行过程中,您并未依约提出续租申请,且该租赁合同约定的租赁期限已于_____年____月____日届满,故此,您理应按照合同约定以及我国法律法规之规定向××管理公司腾退并返还该承租商铺。但时至今日,由于你预留在我方的联系方式已经无法联系到你本人,导致我方无法正常按期接管商铺。您逾期腾退的行为显然已构成违约,为维护××管理公司的合法权益,特函告于您:

一、××管理公司与您签订的《商铺租赁合同书》已于_____年____月____日终止;

二、请您务必在收到本函之日起10日内至××管理公司办理合同终止的书面确认手续。

办理地址:_____

联系人:_____

联系方式:_____

三、请您务必在收到本函之日起10日内结清差欠××管理公司的全部差欠款项(包括租金、物业服务费、逾期腾退所涉租金损失等);

四、请您务必在收到本函之日起10日内将租赁商铺内所涉物资、设备搬迁腾退完毕并与××管理公司办理书面移交确认手续。若您未在上述期限内搬迁腾退完毕,视为您放弃对置放在租赁商铺内所涉物资、设备的全部权利,届时,××管理公司将有权对您尚未搬迁腾退的物资、设备进行单方处置,由此所发生的一切费用均由您承担。

为依法保证××管理公司的合法权益,同时也为避免您的责任进一步扩大,诚望您能重视此事并采取积极合作的态度,于接到本函之日起十日内,完成上述应由您完成的搬迁、腾退义务;以及结清应由您承担的租金、物业费等相关费用。否则,本律师将根据委托人的进一步授权,通过法律途径追究您逾期腾退所导致的一切法律责任。

特此函告!

律师联系方式:

×××律师事务所××律师

执业证号＿＿＿＿＿＿＿＿＿＿

电话:＿＿＿＿＿＿＿＿＿＿

电子邮箱:＿＿＿＿＿＿＿

地址:＿＿＿＿＿＿＿

邮编:＿＿＿＿＿＿

×××律师事务所

×××律师

×年×月×日

(四)建设工程合同纠纷律师函

范文一:

律师函(施工质量)

致 B 公司:

××××律师事务所依法接受 A 公司委托,特指派本律师就贵司与 A 公司合同纠纷事宜正式致函如下!

一、基本事实

综合 A 公司陈述及所提供材料:

2017 年 10 月 13 日,贵司与 A 公司签订《钢构产品销售合同》一份,约定由贵司负责"×××公司生产能力扩建项目总装、调整检测、发动机装配联合厂房"中钢结构的制作、加工等工作,并就价款、工期及质量等内容设定了相应条款。合同签订后,A公司按约支付了相应款项,但贵司并未按期完成钢结构制作及加工等工作;且交付后,A公司发现该钢结构中存有众多质量问题。2018年3月始,A公司多次向贵司工作人员×××、×××等反映了上述情况并向贵司指定电子邮箱×××@××××.cn发送了《关于钢构加工存在质量问题的函》《相关质量问题图片及说明》等函件,要求贵司及时处理上述问题;然贵司皆置若罔闻,自始至终未按A公司要求进行修复。后,A公司为防止损失扩大并恢复正常施工,无奈委托第三方公司对上述问题进行了修复并产生了大额维修费用。

另,2017年12月15日,A公司名称由"×××××公司"变更为"A公司"。

二、证据材料

上述事实有如下材料予以证实:1.2017年10月13日《钢构产品销售合同》一份;2.《关于钢构加工存在质量问题的函》材料一份;3.《相关质量问题图片及说明》材料一份;4、A公司与贵司的沟通材料等等。

三、律师意见

真实有效的合同对合同各方具有共同约束力,各方均应依约履行。A公司与贵司签订的《钢构产品销售合同》已经各方签章确认,已成立生效,是各方的真实意思表示,各方均应按约遵守。双方合同关系中,A公司应履行的主要义务为按约支付价款,贵司应履行的主要义务为按质按量按期完成钢结构制作、加工等工作。

结合A公司陈述及相关证据材料,A公司已按约履行了支付价款等义务,但贵司并未按约履行自身义务;本次合同纠

纷中,贵司存有以下违约行为:

第一,未按期完成钢结构制作、加工等工作。

第二,交付的钢结构存有重大质量问题,未依法按约完成修复。

贵司的上述行为严重侵害了A公司的合法权益,A公司依法享有追究贵司法律责任的权利,贵司应依法依约承担相应违约责任,包括但不限于赔偿逾期交付违约金、支付修复费用、赔偿修复损失等等。

四、法律依据

《中华人民共和国合同法》第八条"依法成立的合同,对当事人具有法律约束力。当事人应当按照约定履行自己的义务,不得擅自变更或者解除合同。依法成立的合同,受法律保护。"

第一百零七条"当事人一方不履行合同义务或者履行合同义务不符合约定的,应当承担继续履行、采取补救措施或者赔偿损失等违约责任。"

五、敦处方案

综上,为保障A公司合法权益,妥善解决纠纷并减少贵司及相关人员损失,本律师特函告如下:

请贵司于2019年1月10日前与A公司取得联系,对本函所载明合同纠纷事宜进行沟通并确定一致解决方案。

若否,则A公司将即刻通过司法途径严格根据合同约定追究贵司违约责任。

特此函告,请慎对之,以免讼累!

_____律师事务所

_____律师

_____年___月___日

范文二：

律师函（解除合同）

致×××公司：

×××× 律师事务所依法接受当事人张×的委托，就终止双方于201×年3月20日签订的《工程分包合同》事宜向你正式书面函告。

根据张×提供的书面合同能够充分证明，你在201×年3月20日于张×签订了《工程分包合同》，你承包的工程是金山电厂2#单身公寓楼的水暖、电照、消防、排水等工程。张×陈述，此工程你已经进行了施工，但并没有完工，张×已经向你支付了部分施工款。另外，从合同的形式上来看，张×只是以个人名义承包，没有提供任何的施工资质、建设资质等相关的证明文件。鉴于以上情况，本律师向你函告如下：

一、因你没有施工资质，只是以个人名义承包工程，故风险极大。一旦造成安全事故或其他事故，你无能力承担，会给张×及其公司造成无法估量的损失。故你应在201×年7月12日之前，拿出有法律效力的资质证书，与张×联系，补签《工程分包合同》，然后由你继续进行施工。

二、你所提供的资质证书，应当与你所承包的工程相一致，经双方确认，补签的《工程分包合同》除主体变更外，内容不进行任何变更，这样才能够充分保护你方的利益。

三、如果你不能够在201×年7月12日之前取得相应的资质，那么自201×年7月13日起，解除双方的《工程分包合同》，你不得再进入工地进行施工，亦不能影响张×继续施工，否则，造成的损失和其他不利的法律后果全部由你承担。

四、双方签订的《工程分包合同》作为本函的附件，附于后。

特此函告！

_____律师事务所

_____律师

_____年____月____日

（五）技术合同纠纷律师函

律师函

_____协会：

我们是_____律师事务所。我所接受_____信息咨询中心（以下简称_____中心）的委托，就贵会与_____中心因联合编辑出版《中国_____大典》合同纠纷一事，郑重致函贵会。

我所承办律师×××听取了_____中心对案情的详细陈述，并认真审查了相关材料，我所认为：

一、贵会与_____中心存在合法有效的合同关系。

_____年____月____日，贵会与_____中心在平等自愿、协商一致的基础上签订了《联合编辑出版〈中国_____大典〉协议书》。根据《中华人民共和国合同法》第32条："当事人采用合同书形式订立合同的，自双方当事人签字或者盖章时合同成立"，第44条"依法成立的合同，自成立时生效。"的规定，你们之间的协议已于2003年1月20日成立并生效，合同双方均应恪守合同，依约全面适当履行自己的合同义务。

二、合同履行情况

依据《中华人民共和国合同法》第 60 条之规定："当事人应当按照约定全面履行自己的义务"。合同签署后，_____中心已依约履行了自己的合同义务，投入大量的人力物力，完成了起草、设计、编务等一系列的工作，并于合同签署当日向贵会交纳了____万元的管理费。此外，为履行双方签署的协议，_____中心又在_____路租赁房屋作为办公场所，租期至_____年____月份，租金近____万元。但贵会在签署合同后却怠于履行自己的合同义务，致使双方的协议无法得以继续履行。

依据上述事实，我所认为：

一、时至今日，鉴于贵会的违约行为及目前的实际情况，双方已实无必要继续履行协议。

二、根据《中华人民共和国合同法》第 107 之规定："当事人一方不履行合同义务或者履行合同义务不符合约定的，应当承当继续履行、采取补救措施或者赔偿损失等违约责任。"贵会应承担下列法律责任：

1. 返还_____中心支付的管理费____万元，并承担同期银行利息；

2. 承担_____中心因履行协议而发生的所有损失，包括但不限于房租、人员工资、印刷专用稿纸信封等费用。

三、据_____中心陈述，其愿意与贵会友好协商此事，故在双方协商时，_____中心只主张贵会返还____万元管理费即可，其他要求在协商时可以放弃。

现我所接受＿＿＿＿＿＿＿＿＿＿＿＿中心的授权，特正式致函贵会，要求返还＿＿＿万元管理费，请贵会接收此函后于＿＿＿＿个工作日内答复我所。我所诚望贵会能够重视此事并采取积极合作的态度，履行还款义务。我所欢迎贵会来电来函，就此事做进一步的交流，以期和平解决此事，以免双方讼累。如贵会不能如期答复，届时我所将在广协中心的授权下，代其通过诉讼方式解决此事，此实属无奈之举，不尽之处，还请贵会理解。

此致

＿＿＿＿＿＿＿＿＿律师事务所

＿＿＿＿＿＿＿＿律师

＿＿＿＿＿年＿＿＿月＿＿＿日

（六）居间合同纠纷律师函

范文一：

律师函（支付报酬）

北京×××土石方施工有限公司：

受曹××先生的委托，受××事务所的指派，本律师作为曹××先生的代理人，受权处理贵司与曹先生的居间合同纠纷及相关事宜。

经本律师查实，2004年6月，曹先生与贵司经协商达成一致意见，约定由曹先生居间提供信息，促成贵司获得×××项目的土方挖运工程，后来又用书面形式约定了居间报酬的计取方式为每立方米土方工程向曹先生支付人民币一元，并约定支付时间为土方合同签订之后并且土方工程款支付至40％后。经过曹先生的努力，贵司与×××建筑公司签订了土石方挖运的合同。2004年9月17日，×××建筑公司与贵司完成了工程决算,确认了土方开挖及外运的工程总量为143,440立方米。截至目前,×××建筑公司已经累计支付给贵司工程款总计人民币1,950,000元,已经达到总工程款的80%。因此,按照约定,贵司早就应当向曹先生支付居间报酬人民币143,440元,但直至今日,贵司仍未向曹先生支付该款项。

律师认为,合同一经成立对双方即具有法律约束力,双方应当按照约定切实履行自己的合同义务;一方违反合同约定或者迟延履行合同义务的,还应当承担相应的违约责任。律师同时认为,在市场经济条件下,企业应当努力维护自己的市场形象和商业信誉,恪守诚信,以求长足发展。

为此,律师特致函贵司,郑重通告如下:

一、请贵司在收到本律师函后七个工作日内将人民币143,440元支付给曹先生。

二、请贵司珍惜双方建立的友好合作关系,在收到本律师函后,由公司主要负责人积极与本律师取得联系,就款项支付事宜进行细节性磋商。

三、我们希望双方之间纠纷通过友好协商的方式得到解决,但我们不会放弃通过法律途径解决纠纷的权利;如果提起诉讼,所造成的扩大损失(包括迟延支付利息、违约金、诉讼费用、追索期间的其他合理费用等)根据法律规定也必然要由贵司承担。

此致

_____律师事务所

律师:_____

联系电话:_____

_____年____月____日

范文二:

律师函（敦促履行）

××××公司:

我司就与您的居间合同（亦称"中介合同"）纠纷事宜,现依据《中华人民共和国合同法》《民法通则》及相关法律法规郑重致函:

因您与徐小姐已达成房产买卖合意,徐小姐作为买方,您作为卖方,我司作为中介方,于×年6月13日共同签订三方协议:《二手楼买卖合同前程远扬地产经纪有限公司二手物业买卖协议书》,合同约定:您向徐小姐出售位于×市××区×××路18号恒基大厦雅江轩1704单元,约定成交价为25万元,过户费及中介费15 500元由您与徐小姐共同承担。因一方原因（包括拒绝履行、迟延履行等）导致合同不能继续履行的,违约方除需向买卖的另一方支付××元违约金外,还需承担5 000元中介代理费。

合同签订后,您与徐小姐均依约向我司提交了房产过户的相关材料,但在办理房产过户登记过程中,因您存在双重户口问题导致无法过户,故徐小姐要求退还定金,待您注销了其中一个户口（身份证）后再进行办理,徐小姐与我司多次催促要求重新履行合同、办理房产过户手续,您以各种原因拒绝履行合同义务,拒绝重新向我司提交房产过户的相关材料,导致合同不能继续履行。

根据《中华人民共和国合同法》第七十六条:"合同生效后,当事人不得因姓名、名称的变更或者法定代表人、负责人、承办人的变动而不履行合同义务。"以及第一百零七条:"当事人一方不履行合同义务或者履行合同义务不符合约定的,应当承担继续履行、采取补救措施或者赔偿损失等违约责任。"故该合同并不因您户口的注销而失去效力,并且您应该继续履行合同义务,协助办理过户手续,否则依据三方合同约定,您应该承担包括但不限于违约金、中介费、律师费、诉讼费、交通费等违约责任。

请您尽快全面履行合同义务,诚望你在收到本函三日内给予书面答复,并就有关事项做出明确说明。否则,我司将采取法律手段就您的违约行为追究您相应法律责任,并就我司可能因此遭受的经济损失向你追偿。

特此函告,望你慎思并妥善对待。

           _____律师事务所

           律师:_____

        _____年____月____日

四、知识产权侵权律师函

(一)侵犯商标权律师函

《商标法》第五十七条规定,有下列行为之一的,均属侵犯注册商标专用权。

(一)未经商标注册人的许可,在同一种商品上使用与其注册商标相同的商标的;

(二)未经商标注册人的许可,在同一种商品上使用与其注册商标近似的商标,或者在类似商品上使用与其注册商标相同或者近似的商标,容易导致混淆的;

(三)销售侵犯注册商标专用权的商品的;

(四)伪造、擅自制造他人注册商标标识或者销售伪造、擅自制造的注册商标标识的;

(五)未经商标注册人同意,更换其注册商标并将该更换商标的商品又投入市场的;

（六）故意为侵犯他人商标专用权行为提供便利条件，帮助他人实施侵犯商标专用权行为的；

（七）给他人的注册商标专用权造成其他损害的。

《商标法》第六十七条还规定：未经商标注册人许可，在同一种商品上使用与其注册商标相同的商标，构成犯罪的，除赔偿被侵权人的损失外，依法追究刑事责任。

伪造、擅自制造他人注册商标标识或者销售伪造、擅自制造的注册商标标识，构成犯罪的，除赔偿被侵权人的损失外，依法追究刑事责任。

销售明知是假冒注册商标的商品，构成犯罪的，除赔偿被侵权人的损失外，依法追究刑事责任。

侵犯商标专用权应当承担赔偿责任，根据《商标法》第六十三条的规定："侵犯商标专用权的赔偿数额，按照权利人因被侵权所受到的实际损失确定；实际损失难以确定的，可以按照侵权人因侵权所获得的利益确定；权利人的损失或者侵权人获得的利益难以确定的，参照该商标许可使用费的倍数合理确定。对恶意侵犯商标专用权，情节严重的，可以在按照上述方法确定数额的一倍以上三倍以下确定赔偿数额。赔偿数额应当包括权利人为制止侵权行为所支付的合理开支。权利人因被侵权所受到的实际损失、侵权人因侵权所获得的利益、注册商标许可使用费难以确定的，由人民法院根据侵权行为的情节判决给予三百万元以下的赔偿。"

范文一：

律师函

关于：立即下架侵权游戏，停止侵犯××股份有限公司商标权

上海××律师事务所（"我们"）受A股份有限公司（"A公司"）的委托，要求B公司（"贵公司"）立即停止侵犯A公司的商标权。

《仙剑奇侠传》（"仙剑"）系列游戏是A公司及其关联公司开发的知名系列游戏，"仙剑奇侠传""仙剑"是A公司的注册商标，A公司拥有该两项商标专用权，该两项商标核定使用在商品（第9类），均包括手机游戏软件等，该商标注册尚在有效期内。同时，通过A公司针对游戏、电视连续剧的推广和宣传，《仙剑奇侠传》系列游戏具备了较高的知名度，"仙剑"则已经成为"仙剑奇侠传"的简称及代名词，并具有一定的知名度和商业价值，为大量玩家和影视剧迷所熟悉。

A公司经调查发现，B公司在其运营的"仙剑侠客行"手机游戏上将与A公司"仙剑"注册商标相同的标志作为该游戏的名称，而该游戏在苹果App Store下载后运行的实际为古剑奇谭手游，B公司意欲通过此种行为误导玩家，达到混淆的目的，导致玩家误以为游戏为A公司仙剑系列游戏之一，增加下载运行量（游戏截图附后）。贵公司的行为已经侵犯了A公司的商标专有权，并给A公司造成了重大的损失和负面影响。

鉴于贵公司的上述行为，我们郑重向贵公司提出如下要求：

立即停止以"仙剑侠客行"为名进行任何游戏推广、宣传及运营行为并从苹果App Store中下架该游戏。

请贵公司于收到本律师函后立即停止一切侵害A公司合法权益行为。若贵公司未能遵守上述要求,A公司将通过法律途径追求贵公司责任,维护自己合法权益。

顺致

商祺!

＿＿＿＿＿＿律师事务所

律师:＿＿＿＿

＿＿＿年＿＿月＿＿日

范文二:

律师函

致:

A公司/

B公司/

C公司:

广东××律师事务所接受D有限公司(以下简称委托人)的委托,指派本律师就你方涉嫌侵犯委托人注册商标专用权一事,出具本律师函:

一、委托人及其知识产权简介:

截至目前,委托人已经成功注册了"云书包"多个商标,类目包含:9、35、38、41类,服务项目:计算机程序、教学仪器、广告、宣传、教育等。

二、侵权情况

现委托人就你方未经委托人许可,擅自使用委托人经国家工商行政管理总局商标局注册的"云书包"商标,侵犯委托人商标权。

经过调查发现,你方在服务、宣传等多处均使用"云书包"商标,其商标适用范围与委托人"云书包"商标注册使用的服务项目相同,且在消费对象、服务内容及功能方面存在密切联系,其足以使公众误以为是委托人提供的相关服务从而造成混淆和误认,严重侵犯了委托人的"云书包"注册商标的专用权。

云书包品牌产品委托人投入了大量广告,你方出现大量侵犯委托人商标专用权的服务,并且销量巨大,已经造成委托人重大损失,现委托人已经对你方侵权宣传情况予以公证,以便后期维权使用。

三、法律依据

根据《中华人民共和国商标法》第五十七条:由下列行为之一的,均属侵犯注册商标专用权:

(一)未经商标注册人的许可,在同一种商品上使用与其注册商标相同的商标的;

(二)未经商标注册人的许可,在同一种商品上使用与其注册商标近似的商标,或者在类似商品上使用与其注册商标相同或者近似的商标,容易导致混淆的;

(三)销售侵犯注册商标专用权的商品的;

(四)伪造、擅自制造他人注册商标标识或者销售伪造、擅自制造的注册商标标识的;

(五)未经商标注册人同意,更换其注册商标并将该更换商标的商品又投入市场的;

(六)故意为侵犯他人商标专用权行为提供便利条件,帮助他人实施侵犯商标专用权行为的;

(七)给他人的注册商标专用权造成其他损害的。

由上可知,你方的上述行为已经违反了《中华人民共和国商标法》第五十七条第一款的规定,构成商标侵权,严重损害了委托人的合法权益。

四、函告通知

综上，若委托人陈述属实，本律师认为你方在未经委托人许可，擅自使用委托人注册商标的行为已严重侵犯了委托人的商标权，你方应对此承担停止侵权、赔偿损失等法律责任，为此本律师特函告你方：

1. 请你方收到本函后立即停止使用委托人注册商标，并和委托人协商赔偿事宜。

2. 如在上述期限内未采取有效措施停止侵犯委托人商标权的行为，委托人将绝不妥协，将依照《中华人民共和国商标法》第六十条的规定，进一步采取法律手段向工商行政机关或人民法院依法追究你方的法律责任，你方将依法成大相应的民事赔偿责任，并且你方未注册相关就展开相关培训服务事宜，委托人还将向工商部门进行投诉。

特别提示：

你方如对本函所述内容持有异议，请在签收本函后五日内积极回复，否则视为你方认同本函所述内容。

以上内容，专此函致，望你方慎重对待，及时向委托人联系处理相关事宜，以免扩大损失，增加诉累。

附：律师联系方式

广东××律师事务所

执业律师：××

×年×月×日

事件背景：A公司、B公司、C公司等以"××云书包"对外宣传并开展培训服务，且运营以"××云书包"命名的网站，严重侵犯了D公司对"云书包"商标专用权。

范文三：

律师函

××电脑(上海)有限公司：

受××网络资源有限公司(以下简称"委托人")委托,某某律师事务所指派本律师就××电脑(上海)有限公司(以下简称"贵司")涉嫌侵犯委托人注册商标专用权一事郑重致函如下：

1. 委托人是第31205××号注册商标的权利人。委托人于2002年×月21日向国家工商总局商标局提出"××××××及图形"商标申请,申请号为31205××,该商标于2003年×月28日被核准注册,指定使用的商品包括"已录制的计算机程序(程序)、已录制的计算机操作程序、计算机软件(已录制)、电子出版物(可下载)、计算机程序(可下载软件)、计算机游戏软件",注册商标专用权期限为2003年×月28日至2013年×月27日。

2. 贵司未经许可在笔记本电脑等商品上使用涉嫌侵犯委托人注册商标专用权的"××××"商标。经委托人调查发现,最迟从2008年起,贵司即未经许可在包括"UXX""UXX"等型号的笔记本电脑上广泛使用"3333"商标。

3. 贵司使用"×××××"商标的行为涉嫌构成对委托人注册商标专用权的侵犯。贵司使用的"××××"商标与委托人享有注册商标专用权的第31205××号注册商标主体部分完全相同,使用的商品"笔记本电脑"与委托人注册商标指定使用的商品属于类似商品。也就是说,贵司未经许可在类似商品上使用与委托人享有注册商标专用权的商标近似的商标。根据《商标法》第52条第1款的规定,"未经商标注册人的许可,在同一种商品或者类似商品上使用与其注册商标相同或者近似的商标的行为"属于侵犯注册商标专用权的行为。由此可见,贵司的行为已经涉嫌构成侵犯注册商标专用权的行为。

4. 贵司已从涉嫌侵权行为中获取了巨额的经济利益,也给委托人造成了严重的经济损失。经调查发现,贵司涉嫌侵犯委托人注册商标专用权的行为涵盖"UXX"、"UXX"等多个型号的笔记本电脑、销售地域包括中国大陆、中国台湾省以及其他国家或地区,且前述型号的笔记本电脑曾先后获得多个媒体颁发的超过十个以上的奖项。很显然,贵司的侵权行为所涉及的生产销售规模以及市场影响巨大,贵司从中获取的经济利益相当可观。从另一个方面讲,贵司的涉嫌侵权行为也给委托人造成了严重的经济损失。根据《商标法》等相关法律法规的规定:对于商标侵权行为,侵权行为人应当承担停止侵权、消除影响、赔偿损失等法律责任。

我们认为:贵司作为一家致力于为个人和企业用户提供具有创新价值的产品及应用方案的全球知名的3C解决方案提供商之一,应当充分尊重他人的知识产权,以良性合法的市场竞争行为为消费者提供服务。如同贵司在一贯的市场推广宣传中对其英文命名"××××"的解释的那样,贵司理当以"××××××××××"的形象展开市场竞争。遗憾的是,贵司近年来在多款笔记本电脑上未经许可使用涉嫌侵犯委托人注册商标专用权的行为,不仅严重损害了委托人的合法权益,也给消费者造成了一定的混淆与误认,同样损害了消费者的合法权益。如此严重违法的市场竞争行为与贵司所应当树立的形象所不符,也违背了公平竞争的市场行为准则。

鉴于上述情况,我们提出如下诉前法律交涉:

1. 希望贵司在收到本函件后 5 个工作日内与我们取得联系(联系方式附后),以求协商解决此次纠纷,共商双赢局面。

2. 若贵司置合法诚信经营于不顾,无视本函件,我们将会寻求一切的合法手段力求维护委托人的合法权益,由此导致的包括经济利益和市场商誉在内的一切损失将由贵司一力承担。望贵司深思熟虑,审慎抉择。

特此函告!

_____律师事务所

律师:_____

联系电话:_____

_____年____月____日

(二)侵犯专利权律师函

《专利法》第十一条规定:"发明和实用新型专利权被授予后,除本法另有规定的以外,任何单位或者个人未经专利权人许可,都不得实施其专利,即不得为生产经营目的制造、使用、许诺销售、销售、进口其专利产品,或者使用其专利方法以及使用、许诺销售、销售、进口依照该专利方法直接获得的产品。外观设计专利权被授予后,任何单位或者个人未经专利权人许可,都不得实施其专利,即不得为生产经营目的制造、许诺销售、销售、进口其外观设计专利产品。"

《专利法》第六十五条规定:"侵犯专利权的赔偿数额按照权利人由被侵权所受到的实际损失确定;实际损失难以确定的,可以按照侵权人因侵权所获得的利益确定。权利人的损失或者侵权人获得的利益难以确定的,参照该专利许可使用费的倍数合理确定。赔偿数额还应当包括权利人为制止侵权行为所支付的合理开支。权利人的损失、侵权人获得的利益和专利许可使用费均难以确定的,人民法院可以根据专利权的类型、侵权行为的性质和情节等因素,确定给予一万元以上一百万元以下的赔偿。"

范文一:

律师函

A技术有限公司:

就贵公司涉嫌侵犯B技术有限公司(原名"深圳市C移动通信有限公司",以下简称"B公司")专利权一事,我们接受B公司的委托,现向贵公司致函如下:

1.B公司2014年2月27日向国家知识产权局申请了名称为"慢速快门拍摄方法和拍摄装置"的专利,并于2015年3月11日获得授权。专利号为201410069624.9.

2.B公司2013年2月28日向国家知识产权局申请了名称为"一种摄像装置和移动终端"的专利,并于2013年7月31日获得授权,专利号为201320095542.2。

贵公司制造和销售的"×××"智能手机所用技术方案覆盖了上述专利权利要求所要保护的技术方案的全部技术特征,涉嫌侵犯上述专利权。

根据《中华人民共和国专利法》的规定,未经专利权人许可,任何单位和个人不得以经营为目的制造、使用、许诺销售、销售和进口专利产品。否则,应承担侵权责任。

有鉴于此,我们向贵单位郑重告知,请贵单位立即停止制造、许诺销售和销售涉嫌侵犯上述专利权的"×××"智能手机。鉴于多款手机可能使用相同技术方案的情况,若贵公司制造或即将制造和销售的其他型号手机也使用B的上述专利(根据贵公司在××产品发布会上介绍的PX智能手机的相关信息,PX智能手机也涉嫌用到了上述专利技术),请贵公司同时停止制造和销售行为。请贵公司在停止涉嫌侵权行为的同时,与 B 公司协商解决相关事宜。否则,B 公司将通过法律途径维护自己的合法权益。

广东×××律师事务所

律师××××

×年×月×日

范文二:

律师函

沪××律函(2012)第×号

致:×××××××有限公司

发件单位:上海×××律师事务所

发件人:××××律师

总页数(包含此页):共 2 页

日期:2012 年 5 月 7 日

×××××有限公司:

上海×××律师事务所接受上海×××××科技限公司(以下简称"×××××公司")委托,指派胡××律师处理×××××公司与贵公司专利侵权事宜。本律师根据调查并结合相关法律法规,特致函如下:

据查:×××××公司是×××××××的专利权人。×××××公司于×年×月×日,向国家知识产权局申请了外观设计专利,于×年×月×日授权公告,同时取得正式的《外观设计专利证书》,专利号××××××××××××,期限为十年。

贵司所属 3333 网站销售侵犯专利权人的专利产品,已严重侵犯专利权人的专利权。

本律师认为：根据《专利法》第十一条的规定，贵司销售侵犯专利权人的产品，属于严重侵犯专利权人合法权益的行为。现特向贵司发出律师函，要求贵司立即停止销售上述专利产品，同时要求贵司马上与专利权人或本律师联系和解事宜。否则，本律师将根据专利权人的委托，依《专利法》第六十条的规定代为向人民法院起诉。届时，贵司将会承担诸如损害赔偿和因处理专利侵权事宜所支出的其他费用等一切不利法律后果。望三思，以免讼累。

顺颂

商祺！

_____律师事务所

律师：_____

联系电话：_____

_____年____月____日

（三）侵犯商业秘密律师函

《反不正当竞争法》第九条规定："经营者不得实施下列侵犯商业秘密的行为：（一）以盗窃、贿赂、欺诈、胁迫、电子侵入或者其他不正当手段获取权利人的商业秘密；（二）披露、使用或者允许他人使用以前项手段获取的权利人的商业秘密；（三）违反保密义务或者违反权利人有关保守商业秘密的要求，披露、使用或者允许他人使用其所掌握的商业秘密；（四）教唆、引诱、帮助他人违反保密义务或者违反权利人有关保守商业秘密的要求，获取、披露、使用或者允许他人使用权利人的商业秘密。经营者以外的其他自然人、法人和非法人组织实施前款所列违法行为的，视为侵犯商业秘密。第三人明知或者应知商业秘密权利人的员工、前员工或者其他单位、个人实施本条第一款所列违法行为，仍获取、披露、使用或者允许他人使用该商业秘密的,视为侵犯商业秘密。本法所称的商业秘密,是指不为公众所知悉、具有商业价值并经权利人采取相应保密措施的技术信息、经营信息等商业信息。"

范文一:

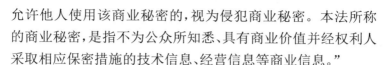

律师函(违反保密协议)

××××××× 公司:

×××××××律师事务所接受××(以下简称××公司)的委托,指派本所＿＿＿＿＿＿律师就你公司雇佣违反竞业禁止员工××、××侵犯××公司商业秘密一事郑重致函你公司:

现你公司聘用的××、××分别曾于＿＿＿＿年＿＿月＿＿日及＿＿＿＿年＿＿月＿＿日与××公司签订劳动合同,合同期限至＿＿＿＿年＿＿月＿＿日及＿＿＿＿年＿＿月＿＿日,在上述合同期间内,××公司与××、××签订了保密协议,该协议第五条第2、3款约定两人从××公司离职后3年内不得自办与××公司有竞争关系的企业或者从事与甲方商业秘密有关的产品的生产,且不得在与××公司有业务竞争关系的单位内担任任何职务;同时,××公司在××、××离职时签订了离职协议,该协议第三、四条约定两人离职后对任职期间获悉的××公司的商业秘密(包括但不限于技术资料及客户信息)负有保密义务,且在两人离职后两年内不得到与××公司有业务竞争关系的单位就职。上述协议内容合法有效。××、××在××公司工作期间掌握了公司的大量业务材料及相关商业秘密信息,且两人离职时将上述材料及商业秘密信息擅自带离公司。

依据以上理由:

1. ××、×× 离职后即进入你公司工作，已经违犯了其两人与 ×× 公司关于竞业禁止的商定，×× 公司将依据《劳动合同法》第二十三条之规定清查 ××、×× 的责任，请你公司收到本律师函之后，立即解除与 ××、×× 的劳动关系。

2. 你公司雇佣违犯竞业禁止员工 ××、××，并应用其两人在 ×× 公司工作期间获得的该公司商业秘密，已经违犯了《反不合理竞争法》第十条之规定，依据《侵权责任法》第八条之规定，该当与 ××、×× 一并对 ×× 公司承担连带责任。若你公司不立即解除与 ××、×× 的劳动关系并停止侵权行为，×× 公司将清查你公司的法律责任。本律师希望你公司本着诚信运营的准则，以维护行业有序发展、保持良性竞争的态度，经过协商的形式处理上述纠纷。望你公司对以上事宜加以注重，并采取积极措施。特此函告，望你公司慎思并妥善对待。

＿＿＿＿＿＿律师事务所

律师：＿＿＿＿＿＿

联系电话：＿＿＿＿＿＿

＿＿＿＿年＿＿月＿＿日

范文二：

律师函（私自销售商业秘密）

××××公司：

本所接受 ××× 公司的委托，现就 ××× 公司要求贵司删除侵犯其商业秘密的网页事宜，致函如下：

近日，××× 公司在贵司网站："××××××" 看到，贵司以有偿经营的方式向不特定的社会公众提供 ××× 公司的企业信用报告、企业注册报告、企业财务报告、企业指数风险报告、企业信用概览、企业概览、企业认证报告、深度信用报告等侵犯其商业秘密的信息。网站地址为："××××××××××"

　　财务报告是反映企业财务状况和经营成果的书面文件，包括资产负债表、损益表、财务状况变动表（或者现金流量表）、附表及会计报表附注和财务情况说明书。编制财务报告的目的是为了向现有的和潜在的投资者、债权人、政府部门及其他机构等信息使用者提供企业的财务状况、经营成果和现金流量信息，以有利于正确地进行经济决策。而贵司以经营的方式向不特定的社会公众提供×××公司的财务及信用等信息，将会被其竞争对手用以排除×××公司的竞争，损害×××公司的利益。×××公司为保护公司利益，对上述企业财务报告、企业信用报告等信息采取相应的保密措施，这些信息属于×××公司的商业秘密。

　　依据我国《反不正当竞争法》第十条"经营者不得采用下列手段侵犯商业秘密：（一）以盗窃、利诱、胁迫或者其他不正当手段获取权利人的商业秘密；（二）披露、使用或者允许他人使用以前项手段获取权利人的商业秘密；（三）违反约定或者违反权利人有关保守商业秘密的要求，披露、使用或者允许他人使用其所掌握的商业秘密。第三人明知或者应知前款所列违法行为，获取、使用或者披露他人的商业秘密，视为商业秘密。本条所称的秘密，是指不为公众所知悉、能为权利人带来经济利益、具有实用性并经权利人采取保密措施的技术信息和经营信息。"之规定，贵司以有偿经营的方式在网上向不特定的社会公众提供×××公司的财务信息、信用情况等做法已经侵犯了×××公司的商业秘密。

　　现本所接受×××公司的委托，正式向贵司发送律师函，希望贵司在接到本律师函的七个工作日内立即删除贵司网站上侵犯×××公司商业秘密的相关信息,并不得接受任何单位委托对×××公司的有关信息进行调查;若贵司逾期未履行,×××公司将进一步采取措施,包括但不限于向法院提起诉讼以及向有关部门投诉,以维护其合法权益。

若对本函有任何异议,请在接到本律师函后的七个工作日内,与本所律师联系。

特此函告!

_____律师事务所

律师:_____

联系电话:_____

_____年____月____日

(四)侵犯其他知识产权律师函

范文一:

律师函(侵犯著作权)

致×××:

重庆××律师事务所依法接受王××先生的委托,指派××律师就王××先生著作权遭受损害一事,向贵单位致函如下:

王先生于2007年9月拍摄了一副名为《大江东去》的摄影作品,该作品于2009年发表于《××》期刊中。近日,王先生偶然发现贵单位擅自将前述摄影作品用于贵单位主办的《××××》(2016年第9期 总第100期)刊物中。本所律师认为,贵单位在没有取得授权的情况下擅自使用王先生之摄影作品并公开传阅,且未指明作者姓名、作品名称,侵犯了著作权人王××先生的著作权。根据《著作权法》的相关规定,侵犯著作权的,应当承担停止侵害、消除影响、赔礼道歉、赔偿损失等民事责任。

据此，经王先生授权，本律师事务所郑重函告贵单位：请贵单位从收到本律师函之日起三日内就侵权事宜公开赔礼道歉，并赔偿由此给王××先生造成的经济损失10万元及制止侵权行为所支付的合理开支5 000元。

以上内容望妥善对待，否则，本律师将根据王××先生的授权采取包括提起诉讼在内的一切法律手段，以维护委托人的合法权益。

特此函告！

_____律师事务所

律师：_____

联系电话：_____

_____年____月____日

范文二：

关于要求停止名誉权及不正当竞争行为的律师函

致：上海×××教育科技有限公司并吴××先生

自：北京××（上海）律师事务所

北京××（上海）律师事务所是上海市司法局批准成立的具有合法资格的律师从业机构，签字律师具有合法的执业资格。本所受上海××信息咨询有限公司（以下简称"××教育"）的委托，指派××律师就上海××教育科技有限公司（系"掌门1对1"的运营方，以下简称"贵司"）侵犯××教育名誉权及不正当竞争行为事宜，出具本律师函。

根据委托人提供的资料及陈述，2018年11月20日，××教育收到客户反馈贵司向其宣称××教育融资失败、停止招聘人员等不实信息，误导我司客户，损害××教育的商品声誉及企业名誉。

　　本律师认为,贵司上述行为导致相关公众降低对××教育的社会评价,已严重侵害了××教育的名誉权。贵司与××教育均为从事K12在线教育服务的经营者,存在竞争关系,贵司上述行为严重违反了《中华人民共和国反不正当竞争法》第十一条经营者不得编造、传播虚假信息或者误导性信息,损害竞争对手的商业信誉、商品声誉之规定。

　　现本律师郑重函告如下:

　　1.贵司务必于收到本律师函之日,(1)立即停止散布虚假信息、诋毁××教育商誉等侵权行为及不正当竞争行为;(2)在贵司官方网站"掌门一对一"首页位置发布道歉声明并保留7日,说明贵司散布的××教育融资失败、停止招聘人员等内容均为不实信息,对于侵犯我司名誉权的行为及不正当竞争行为表示歉意,消除贵司侵权行为对我司的影响。

　　2.如贵司未能立即停止侵权行为或发布道歉声明,××教育将采取相关法律措施追究贵司的法律责任。

　　如有任何问题,请联系本所××律师(电话:×××××),地址:×××××××。

　　特此函告!

北京××(上海)律师事务所

律师××

×年×月×日

(五)特别注意事项

　　制作知识产权侵权律师函,尤其是专利侵权律师函,要注意做好以下几点工作:

　　1.核实权力基础

　　律师接受委托发送律师函,需要调查核实两个事项。

委托发律师函的主体是否适格。委托人是否是所涉专利权的权利人或利害关系人,即须是专利权权利人、独占许可人,排他许可人、普通许可人等有资格以自己的名义制止侵权行为的主体。

所涉知识产权的法律状态,看其是否依然有效。

以专利为例,可能存在以下几种情况:

① 专利处于申请阶段,还未获得授权;

② 专利权已被宣告无效,或仍处于专利确权的行政诉讼程序中;

③ 未及时缴纳专利年费而丧失专利权;

④ 专利权已过保护期限。

2. 做好侵权分析

能够基本锁定对方的侵权事实,认定侵权基本成立的前提下,再发律师函。

3. 做好证据收集

一旦发出律师函,对方就已经警惕,如果真的侵权了,对方可能就会销毁证据,所以在发律师函之前一定要把证据收集好,达到准备诉讼的程度,才可以发出律师函,不能太随意,律师要把这个利害关系说清楚,如果发函,需要将哪些后续的工作做好,时间、周期、成本都要先说好,让委托人事先评估。如果发出律师函没有做准备工作,就是律师工作的过失,因为你没有提醒当事人进行周密的考虑。

4. 注意留存律师函的相关证据

发送律师函是一个法律行为,若要其产生所期望的法律效果,则需要对能证明该行为的证据予以留存或固定,比如保留律师函件的备份、快递单据、签收记录等,还可根据该发函行为的重要程度采取公证的形式予以固定。

留存该证据可为以后可能进行的知识产权侵权纠纷程序提供证据,以证明侵权人在明知的情况下仍继续侵权,彰显其恶意,当然,在某些情况下也可作为证明因此而起的不侵权之诉是否符合起诉条件的证据。

5. 律师函内容要完整

最高人民法院在孙某与郑某侵害实用新型专利权纠纷案(判决书见本书第二章)中指出:如销售者曾经销售过专利产品,或其购入被诉侵权产品的价格不合理地低于专利产品的市场价格等情况均不存在,而仅仅是权利人向销售者发出过侵权警告函,则需要进一步对警告函中的具体内容予以审查。如果警告函中记载或包含有专利权(专利号、专利名称、专利权证书复印件等)和被诉侵权产品的基本情况、侵权比对结果及联系人信息等内容,在销售者也已经收到该警告函的情况下,原则上应当推定其知道销售的是专利侵权产品。

从上述内容可以看出,律师在制作知识产权侵权纠纷律师函时,要注意律师函内容的完整,将专利权(专利号、专利名称、专利权证书复印件等)和被诉侵权产品的基本情况、侵权比对结果及联系人信息一一列入律师函中,以保证律师函作为证据使用的效力。

五、公司业务律师函

(一)股东知情权律师函

律师函

×××有限公司:

湖南××律师事务所接受委托,指派唐律师,就与贵司的股东知情权、经营参与权纠纷一事,特向贵司发出本律师函。

我方当事人××系××有限公司合法登记的股东,占总注册资本(　万元)中的万元资本(占　%的股权),早已实缴到位。

从公司成立至今,我方当事人的股东权利一直受到严重侵害。一、根据《中华人民共和国公司法》等相关法律及公司章程,我方当事人依法享有股东知情权等权利。二、依照公司内部约定,超过千元的开支,需经我方当事人会签后,方可支出。三、重大决策需经股东会批准,从公司成立至今,却从未召开股东会。四、股东依法享有的经营参与权等权利,在有限公司实际运营过程中,我方当事人的上述权利,均被严重侵害。

在有限公司实际运营过程中,一、现有限公司未能充分履行对业主的返租义务,以至于造成群体事件;二、有限公司与公司合作过程中,造成有限公司的大量的资产、资金被公司占用,以至于造成有限公司的资金链断裂;三、有限公司在运营过程中,存在多处严重错误,以至于在绝版商业地段的商铺都出现严重亏损等一系列严重纠纷,我方当事人除按注册资本实缴出资、按意向合作协议书及补充合作协议书充分履行出资义务外,还以个人名义在外借款并用于有限公司运营,现造成我方当事人被多位债权人逼债,以至于我方当事人生活艰难,流离失所。

我方当事人多次要求查阅会计账簿、合同文本、税收凭证、债权债务凭证、公司职位薪水证明等公司经营管理相关的文件,多次被有限公司无理拒绝。有限公司将我方当事人排挤在外,致使我方当事人无法参与有限公司的经营管理。按常理,有限公司是本可以运营良好,并能取得良好经济效益、社会效益、文化效益,但有限公司在运营过程中存在诸多不适当行为,现造成外界(包括我方当事人)对有限公司的经营充满疑问。

为维护我方当事人合法知情权、经营参与权，请贵司收到本函三日内，将会计账簿、合同文本、税收凭证、债权债务凭证、公司职位薪水证明等公司经营管理相关的文件交给我方当事人查阅，并立即召开股东会商议对有限公司现状的解决方案，如贵司不能保证我方当事人的知情权、经营参与权，湖南××律师事务所唐律师将代理诉之于法律，以维护我方当事人的股东知情权、经营参与权。

××律师事务所

主办律师××××

联系方式：××××

×年×月×日

（二）召开股东会的律师函

律师函

罗某某先生：

江西××律师事务所×××律师受付先生之托，现就付先生应其他股东之合意，就其及其他股东与阁下共同投资的佳肴一品旗舰店（高新店）股东合作会议特此致函。

佳肴一品旗舰店（高新店）自创建以来，幸合诸股东合力之劳有所局面。然各股东之间在草创之初出于朋友情义，未就此店股东合作权利义务做出详尽规则约定。时光荏苒，合作过程中难免有摩擦间隙。付先生应大多数股东合意，认为无规矩不成方圆，股东合作应依法规范。

依据《民法通则》关于个人合伙的规定，佳肴一品旗舰店（高新店）各股东之既无书面合作约定，则各股东均有权就合伙事宜进行监督，亦有权提议就股东合作事宜进行会议商榷。

现付先生依据股东身份,提议各股东在 2013 年 10 月 28 日上午十点半至佳肴一品旗舰店(高新店)四楼会议室进行股东会议,会议届时商榷股东合作规则。

前述会议时间地点自本函收讫之时视为送达,逾期不来视为自动放弃股东与会表决权利。请君按时赴会。

特此函告。

×××律师事务所

×××律师

×年×月×日

(三)股权纠纷律师函

范文一:

股权转让律师函(离婚)

×××:

×××律师事务所受××之委托,指派××律师就关于将×××有限公司×××的股权给予×××,并协助其进行股权变更事宜,郑重致函于你:

(一)基本事实

你与×××离婚纠纷一案,经×××人民法院调解,双方认可并签收了调解协议。现《民事调解书》已发生法律效力,但关于将×××有限公司××的股权给予×××,并协助其进行股权变更事宜你尚未履行。

为协助你履行该项调解书内容,特提供法律依据及律师建议如下:

(二)法律依据

1.《婚姻法司法解释二》第16条规定,人民法院审理离婚案件,涉及分割夫妻共同财产中以一方名义在有限责任公司的出资额,另一方不是该公司股东的,按以下情形分别处理。

夫妻双方协商一致将出资额部分或者全部转让给该股东的配偶,过半数股东同意、其他股东明确表示放弃优先购买权的,该股东的配偶可以成为该公司股东;

夫妻双方就出资额转让份额和转让价格等事项协商一致后,过半数股东不同意转让,但愿意以同等价格购买该出资额的,人民法院可以对转让出资所得财产进行分割。过半数股东不同意转让,也不愿意以同等价格购买该出资额的,视为其同意转让,该股东的配偶可以成为该公司股东。

用于证明前款规定的过半数股东同意的证据,可以是股东会决议,也可以是当事人通过其他合法途径取得的股东的书面声明材料。

2.《公司法》第七十三条之规定,人民法院依照法律规定的强制执行程序转让股东的股权时,应当通知公司及全体股东,其他股东在同等条件下有优先购买权。其他股东自人民法院通知之日起满二十日不行使优先购买权的,视为放弃优先购买权。

(三)律师建议

1. 你可与×××有限公司进行充分的沟通,并告知其他股东关于《公司法》第七十三条之规定,争取获得股东会同意,购买涉案股权或进行变更登记。

2. 为了尽快平息该案对双方的影响,请收到本函之日起立即妥善处理此事宜。

特此函告!

×××律师事务所
×××律师
×年×月×日

范文二：

支付股权转让款项律师函

董××先生：

本律师事务所依法接受姚某某的委托，指派××律师全权处理姚某某和你之间的股权转让以及企业重组协议纠纷事宜。基于已经查明的事实，依据相关法律法规的规定，我们向你发出本律师函。

2015年4月22日，姚某某与你签订了股权转让以及企业重组协议，协议约定，你应向姚某某支付48万元股权转让费，协议签订后三个工作日内，应支付首付款40万元，后在工商管理部门办理股权转让变更登记并履行转让余下股权转让款8万元。

协议签订后，迄今为止，你仅仅向姚某某支付22万元，之后一直不履行约定的义务款项，而至你们双方不能及时到工商行政管理部门办理股权转让登记事宜。根据姚某某与你签订股权转让及企业重组协议明确约定属于附期限的履行义务协议。由于你没有积极履行约定义务已经构成根本性违约。至本律师函发至你处之日起，本律师代表姚某某向你提出如下主张：

双方的协议合法有效，具有法律约束力。鉴于你没有完全履行约定的义务，根据《公司法》及解释规定，没有变更股东登记，你不属于公司的法定股东更不是隐名股东。因此，你违背协议的约定，涉及违法，你应承担违约责任。

若在本律师函发出之日起3日内，仍怠于履行支付首付款的剩余款项义务的，双方签订的股权转让以及企业重组协议，将自动解除，你仍应承担相应违约责任。

特此函告。望您慎思并妥善对待。

××律师事务所

××律师

×年×月×日

范文三：

律师函

×××律师事务所接受××公司(以下简称"某公司")委托,全权处理××公司股东股权转让纠纷事宜。本所律师听取了委托人某公司的陈述,审核了相关证据材料,现特就以下问题致函阁下：

一、阁下应切实配合某公司办理股权转让相关事宜,并停止对公司的侵权。根据某公司第二届第二次股东会决议,原股东邓某等,自愿将其股份转让给严某等人,出让方和受让方分别签订了股权转让协议,其他股东过半数已对此表示同意。根据《公司法》第七十二条,该股权转让事宜符合相关法律规定,阁下既不在法定期限内行使优先购买权,又无故阻挠办理股权转让变更事宜,已经构成对其他股东权益的损害。同时,阁下未经其他股东同意,拒不归还公司有关资产和向有关部门反映不实情况的行为,已经构成对公司资产的侵占和对公司名誉的破坏,请阁下切实配合公司办理股权转让相关事宜,并停止对公司的侵权。

二、就阁下以上行为,公司其他股东曾多次与阁下沟通,但均无果。现某公司已决定委托本所根据相关法律规定,追究阁下由此给公司及其他股东造成的所有损失。在有关法律程序启动前,本所律师愿再一次与阁下沟通,尝试以和平方式解决双方存在的争议。

三、若本所律师在××年×月×日前未收到阁下正式回复，一切后果和责任均将由阁下自行承担。届时，不但有关股权转让事宜将不由阁下意志往前推动，而且，阁下还将会承担由此给公司和其他股东造成的所有损失。望阁下三思。

本律师函不减损委托人某公司及其他股东的任何合法权益。

特此函告！

××律师事务所

××律师

×年×月×日

范文四：

律师函（支付股权转让款项）

张××：

××律师事务所受刘某（下称"委托人"）的委托，指派本所律师就你违约一事致函。

2014年3月，委托人与你签订《股权变更协议》，协议约定，委托人将其在广州某服饰有限公司拥有的全部股权以90 000元的价格转让给你，你应在2014年5月1日之前将所有款项打入委托人账户，协议另约定一方违约应向另一方支付违约金10万元。协议签订后，委托人办理了各项事务的交接手续，并多次催促你方办理股权变更登记手续，但你方一直找理由拒绝办理股权变更登记手续。此外，你方在支付了委托人4万元后对剩下的3万元转让款一直没有支付。

本所律师认为，委托人与你之间签订的《股权变更协议》合法有效，双方都应当诚实地履行合同义务，你方无正当理由不履行协议，其行为损害了委托人的合法权益，依法应当承担违约责任。

综上所述，你的行为已经违反了法律规定并给委托人造成了损失，委托人有权要求你方办理股权变更登记、支付拖欠的转让款和违约金。为维护你方的声誉和保障委托人合法权益，现向你发函，表明委托人的法律意见和态度，请收悉此函后三日内与本律师进行友好沟。

××律师事务所

××律师

×年×月×日

（四）员工侵占公司财产律师函

律师函

朱××女士：

本律师事务所接受四川省×××有限公司（以下简称：××公司）聘请，指派×××律师担任该公司常年法律顾问，负责处理该公司相关法律事务。××公司已将您在其公司的相关材料提供给本律师事务所，本律师事务所根据该相关材料得知相关事实。现就您在××公司侵占货款所涉及的相关事实及法律责任告知如下：

（一）相关事实

据我们了解，您在××公司工作期间曾担任××店负责人一职。在您担任该职务期间抓挪、侵占公司货款30 716元。经与您交涉后，您承诺于2013年8月8日付清所抓挪、侵占的款项，并出具了书面欠条。但时至今日您均未能依法归还所抓挪、侵占公司的公款。本律师接受××公司委托曾按照您入职时所填写的相关信息致电您的父母，但接听电话者却称根本不认识您。

（二）法律责任

《中华人民共和国刑法》第二百七十一条规定"公司、企业或者其他单位的人员，利用职务上的便利，将本单位财物非法占为己有，数额较大的，处五年以下有期徒刑或者拘役；数额巨大的，处五年以上有期徒刑，可以并处没收财产。"

鉴于您在××公司的存在上述行为，故您已经涉嫌构成职务侵占罪。

（三）律师建议

为了给您最后一次机会，让您主动退回所抓挪、侵占公司的款项，特致函于您。请您接受此函后尽快与公司财务部联系退回公款或及时与本律师联系处理。否则，本律师将依照××公司的授权，正式向司法机关报案，追究您抓挪、侵占公司财产行为的法律责任，请您三思，不可轻视。

为了您和您的家人，请您慎重做出决定，以免以身试法，后悔莫及。

×××律师事务所

××律师

×年×月×日

六、劳动争议律师函

范文一：

律师函（追讨工资）

深圳市某通信有限责任公司：

就贵司与田某先生劳资纠纷事宜，广东某律师事务所接受田先生委托后，指派本律师依据我国有关法律法规，结合本案具体事实，向贵司发函如下。

本律师获知，2009 年 2 月 16 日，田先生入职贵司，担任市场技术支持工程师一职，双方签有一年期限的劳动合同，月工资 3 000 元。2010 年 2 月 15 日，双方劳动合同到期。因合作良好，为续签劳动合同，贵司承诺给予田先生年薪人民币 6 万元。正因贵司的这种承诺，田先生才同意继续在贵司工作。但现在一年期限已经过去，贵司却只支付了田先生年薪人民币 41 500 元，剩余 18 500 元一直拒绝支付，田先生多次讨要仍无果，并且还单方面将田先生从市场部调入生产部门，工资也相应减少。

另外，田先生还陈述，贵司每周安排田先生星期六上午加班 3.5 个小时，且从未支付加班费。在其社保问题上，亦是按照深圳市最低工资标准为其购买社会保险费用，并未依法为其足额缴纳。

贵司上述行为很明显已经违反了国家相关法律法规，具体表现如下：

1. 根据劳动合同法的规定，贵司与田先生对工资的约定系双方真实意思的表示，且并未违反相关法律规定，因属于合法有效的约定，对双方具有法律约束力。田先生已按约定付出了劳动，理应获得约定的工资。但贵司一直拒绝支付剩余工资，在法律上是一种拖欠工资的行为，依据相关法律规定，届时贵司非但要支付剩余的工资，并且还面临承担拖欠工资 25% 的经济补偿金的风险。

2. 根据劳动合同法第三十五条规定，用人单位与劳动者协商一致，可以变更劳动合同约定的内容。变更劳动合同，应当采用书面形式。而贵司在未经田先生的同意，单方面对劳动合同内容进行了变更，将其从市场部调入生产部，并且相应降低工资，很明显是违反劳动合同法第三十五条规定的。现双方所签订的第二份合同期限已经届满,鉴于贵司对田先生的工作岗位进行了变更,并降低了工资标准,田先生决定不再与贵司续签劳动合同。双方劳动关系正式解除,依据劳动合同法第四十四条第一款第(一)项及第四十六条第一款第(五)项及第四十七条的规定,贵司应根据田先生工作年限向其支付经济补偿金计人民币 10 000 元(2 个月/5 000 元)。

3. 根据劳动合同法第三十一条规定:用人单位应当严格执行劳动定额标准,不得强迫或者变相强迫劳动者加班。用人单位安排加班的,应当按照国家有关规定向劳动者支付加班费。但田先生在贵司工作的 2 年期间,贵司均安排其星期六上午加班,且从不支付加班费。依据前述规定,贵司应将田先生在 2010 年的加班工资总计人民币 9 655 元足额支付给田先生。

4. 为员工缴纳社会保险是用人单位的法定义务,依据《社会保险费征缴暂行条例》第四条规定,缴费单位、缴费个人应当按时足额缴纳社会保险费。田先生每月工资人民币 5000 元,而贵司却只按深圳市最低工资标准为其缴纳,很明显违反了前述规定。

有鉴于此,田先生特授权本律师向贵司郑重函告如下:

1. 自本函发出之日起五日内(即 2015 年 2 月 25 日前),贵司应一次性支付田先生剩余工资人民币 18 500 元。

2. 自本函发出之日起五日内(即 2015 年 2 月 25 日前),贵司应一次性支付田先生解除劳动关系经济补偿金计人民币 10000 元。

3. 自本函发出之日起五日内(即 2015 年 2 月 25 日前),贵司应一次性支付田先生 2010 年的加班工资总计人民币 9 655 元。

4. 自本函发出之日起五日内(即2015年2月25日前),贵司应为按田先生的实际工资标准为其补交自2014年2月16日至2015年2月15日期限的社会保险费差额部分。

经本函告知后,望贵司按上述正当要求办理。否则,本律师将依田先生授权,对贵司采取包括诉讼在内的一切必要措施,以维护其合法权益。届时将会不必要地耗费贵司大量的时间及精力,并对贵司一贯良好的声誉带来负面影响。

专此函告!

××××律师事务所

××律师

×年×月×日

范文二:

律师函(违法解除劳动合同要求经济补偿金)

长沙××有限责任公司:

本所接受张××(身份证号:43011119620630××××)的委托,特就贵司变相违法解除与张××劳动合同关系事宜致函贵司,请审慎对待,规避可能的法律风险。

据张××的陈述及其提供的相关资料证实:张××于2009年11月初进入贵司所属长沙××大酒店工作至2014年3月28日,在此期间贵司存在以下四项严重侵犯张××合法权益的用工行为:1、没有依法为张××缴纳社保;2、没有安排张××进行过年休假,也没有向张××支付过未休年休假工资报酬;3、贵司安排张××每天工作超过10小时,每个周末至少加班一天,但贵司没有依法向张××支付正常工作日加班工资和周末加班工资;4.2014年1月1日—2014年3月28日期间没有依法与张××签订书面劳动合同。

　　2014 年 3 月初,贵司以酒店内部规定女工满 50 岁必须退休为由要求张××无条件办理离职手续,加之贵司存在多处侵犯张××合法权益的用工行为,张××迫于无奈才按贵司的要求办理了相关离职手续。

　　有鉴于此,贵司的相关行为已经严重侵犯了张××的合法权益,本所受张××的委托特致函告知如下:

　　1. 请贵司于收到本函之日起 5 个工作日内,将相关经济补偿金 10 575 元(4.5 个月 × 2 350 元/月)、周末加班工资 49 248 元(108 元/天 × 228 × 2)、未休年休假工资报酬 3 672 元(108 元/天 × 17 天 × 2)、失业保险损失 10 120 元(长沙市最低工资 1 265 元/月 × 0.8 × 10 个月)、双倍工资差额 4 700 元(2014 年 2 月份 2350 元 + 2014 年 3 月份 2 350 元)等依法支付给张××,或与张××达成公平合理的补偿协议。同时,请贵司为张××补缴 2009 年 11 月至 2014 年 3 月期间的社会保险。

　　2. 如果贵司在收到本函件之日起 5 个工作日内未回应,依据张××的授权,本所将随时通过法律途径解决该劳动争议纠纷,追究贵司相应的民事责任,以维护张××的合法权益。

　　顺祝商祺!

××××律师事务所

××律师

×年×月×日

范文三:

（公司解除劳动合同）

×先生:

××××律师事务所接受×××××有限公司(简称××

公司)的委托并指派我全权代理与您的离职纠纷事宜。应委托人的要求,并根据委托人陈述的相关事实、提供的员工手册等公司规章制度及相关法律规定特向您告知以下事宜:

你于×年×月受聘到××公司工作,×年×月×日,你突然自动离职,截至今日,你已连续旷工达14个工作日。根据公司管理规定:未经准假或假期届满未获准续假而擅自不上班者,以旷工论计,连续旷工超过5日,或全年累计旷工超过8天的,公司可不经预告,给予开除。据此,你的行为已经严重违反公司管理规定,公司决定对你予以开除。望你在收到本函之日起十日内到公司就相关工作办理书面交接手续,以免影响公司的正常经营。

如果该事件在您处能得到妥善和慎重的处理,本律师将表示赞赏和感谢。否则我们将以我们认为合适的方式维护委托人的合法权益,同时追究相应法律责任。

顺祝商祺!

××××律师事务所

××律师

×年×月×日

七、其他业务律师函

(一)致行政机关律师函

律师函

河北省武安市×××人民政府:

北京××律师事务所受刘××委托,授权××律师就刘××在自己合法承包的土地上因搞养殖搭建的棚舍、工房,被你单位认定为"擅自违法占用土地搞建设",责令刘××3日自行拆除一事,郑重致函你单位。

2019 年 2 月 15 日下午,你单位在刘××养殖场大门口张贴了《责令限期拆除违法建筑通知书》(以下简称"通知书"),通知书认定刘××"擅自违法占用土地搞建设",责令刘××日自行拆除,通知书还强调期满不拆除,"政府将组织公安、法院、检察院、自然资源与规划局、住建和乡政府等单位联合对你的违法建筑(构筑物)强制拆除,并依法追究有关人员的法律责任。"

本律师根据你单位的通知书和法律规定提出以下法律意见:

一、刘××在自己的承包的土地上搞养殖业合法。

(一)刘××用于养殖的土地是其合法承包(或以承包地交换)使用的土地,不存在擅自占用土地问题。

土地承包经营权为 30 年,任何组织不得非法剥夺或变相剥夺农民的土地承包经营权。

(二)刘××在自己承包的土地上所从事的养殖业属于农业范畴,是合法使用承包土地的行为。

(三)养殖(养猪场)需要搭建棚舍、工房,农业种植、养殖业所需棚舍、房屋不适用城乡规划法规定。

二、你单位上述行政行为违法。

(一)你单位无权行使土地管理职权。

《中华人民共和国土地管理法》第五条规定"国务院土地行政主管部门统一负责全国土地的管理和监督工作。县级以上地方人民政府土地行政主管部门的设置及其职责,由省、自治区、直辖市人民政府根据国务院有关规定确定。"可见只有县级以上土地行政主管部门才有权行使土地管理职权,你单位作为乡镇一级政府无权行使土地管理职权。

刘××合法使用承包土地从事养殖业无违反土地管理法的行为。

（二）你单位无权行使规划管理职权。

《中华人民共和国城乡规划法》第十一条规定，"国务院城乡规划主管部门负责全国的城乡规划管理工作。

县级以上地方人民政府城乡规划主管部门负责本行政区域内的城乡规划管理工作。"

可见，县级以上地方人民政府城乡规划主管部门才有权行使《中华人民共和国城乡规划法》规定的城乡规划管理权。你单位作为乡镇一级政府无权行使城乡规划管理权。

刘××合法使用承包土地从事养殖业无违反城乡规划法的行为。

（三）你单位或各级政府无权组织、指挥公安机关参与拆迁活动。

1. 根据《中华人民共和国人民警察法》和《公安机关组织管理条例》的规定，公安机关的职责是维护社会治安秩序、制止和惩治违法犯罪活动，公安机关的职责并不包括土地管理、城市规划管理、征地拆迁。

2. 公安部更是三令五申禁止公安机关参与拆迁活动。

（四）你单位或各级政府无权组织、指挥人民法院参与拆迁活动。

《中华人民共和国宪法》第一百三十一条规定"人民法院依照法律规定独立行使审判权，不受行政机关、社会团体和个人的干涉。"

人民法院的职责是司法审判，不受行政机关干涉、指挥、领导！因此，你单位或其他任何政府无权组织、指挥人民法院进行拆迁活动。

（五）你单位或各级政府无权组织、指挥人民检察院参与拆迁活动。

《中华人民共和国宪法》第一百三十六条规定"人民检察院依照法律规定独立行使检察权，不受行政机关、社会团体和个人的干涉。"

人民检察院的职责是司法检察权，不受行政机关干涉、指挥、领导！因此，你单位或其他任何政府无权组织、指挥人民检察院进行拆迁活动。

三、农村集体土地承包经营权优于规划权。

农村集体承包土地适用《中华人民共和国农村土地承包法》规定，不适用《中华人民共和国城乡规划法》。

农村集体土地只有在被征用后成为非农业建设用地才适用城乡规划法进行规划管理。

我们的法律意见如下：

综上所述，你单位的行政行为违法

我们希望你单位接此函后，认真学习法律，在 5 个工作日内立即撤回《责令限期拆除违法建筑通知书》。否则，我们将根据委托人的授权，依法提起行政诉讼。

×××律师事务所

律师：××

电话：×××

×年×月×日

案件背景：刘×× 是一个普普通通的农民，在农村从事养殖业（养猪），在自己承包的土地上建了猪舍、工房。2019年2月15日下午，武安市×××政府在大门上贴了一张通知，说刘××猪场所建房屋、猪舍是非法占地的违法建筑，限期三天自行拆除，否则，政府将调动公、检、法等部门强制拆除。

（二）催缴物业费律师函

律师函

某某某（业主）：

本律师受_____物业公司（以下简称_____物业）委托，依据中华人民共和国有关法律法规，就您拖欠物业费等违约行为，特向您发出如下律师函：

依照您于_____年____月____日与_____公司签署的《_____物业服务管理协议》第____条约定的"住宅物业服务管理费为每月每平方米____元"的标准，您应为您居住的____号楼建筑面积为____㎡的房屋交纳物业管理服务费用____元/年。但自_____年____月____日起至_____年____月____日止，您已拖物业费共计____元未予交纳。按照《_____物业服务管理协议》第____条第____款和《业主临时规约》第____条的约定，如您不按协议约定的收费标准和时间交纳有关费用，_____物业有权要求您补交并从逾期之日起按应缴费总额日____‰的比例承担违约金。按此约定，您欠缴物业费相应的违约金为____元。

根据以上事实，你拖欠物管等相关费用的行为已严重违反《物业服务合同》的约定，严重侵犯_____物业公司权益，已构成违约，根据我国相关法律法规的规定应承担违约责任。

据此，委托人授权本律师郑重函告您：限您从收到律师函之日起____日内，向_____物业公司支付拖欠的物业管理等各项费用。若你不在本律师函通知的时间内支付完毕有关费用，_____物业公司将保留采取进一步法律行动的权利。

特此函告！

＿＿＿＿＿＿＿＿律师事务所

＿＿＿＿＿＿＿＿律师

＿＿＿＿年＿＿月＿＿日

（三）刑民交叉案件律师函

律师函

胡××先生：

本律师受委托人周××先生之委托，经江苏×××律师事务所之委派，现就你非法侵占南京××置业有限公司（原名南京××置业投资有限公司，以下简称××公司）土地征收补偿款导致委托人生效法律文书无法执行一事，致函如下：

委托人与××公司（时任法定代表人为你）借款合同纠纷一案，南京市浦口区人民法院于2005年11月15日做出（2005）浦民二初字第355号民事调解书，确定由××公司偿还委托人借款28万元，并负担10 000元的诉讼费用，因××公司拒绝支付民事调解书确定的法律义务，委托人申请执行，南京市浦口区人民法院于2007年4月3日立案，案号（2007）浦执字第00420号；委托人与××公司委托合同纠纷一案，南京市浦口区人民法院于2008年2月25日做出（2007）浦民二初字第475号民事判决书，判令××公司支付委托人120万元，并支付案件受理费15 600元，因××公司拒绝支付生效判决确定的法律义务，委托人申请执行，南京市浦口区人民法院于2008年6月4日立案，案号为（2008）浦执字第01076号。二案在执行过程中，因××公司账面无可供执行的财产，九年来委托人的债权无法实现。

2015 年 11 月 20 日，委托人向南京市浦口区人民法院申请恢复执行。执行过程中，经本律师及法院调查发现，南京市浦口区土地储备中心曾分别于 2007 年 5 月 18 日、5 月 25 日通过开具转账支票的方式，先后向××公司支付土地征收补偿款共计 19 074 256.58 元，支票存根上标明，收款人：JH 置业投资，用途：浦口科技广场（北江商贸城补偿款），你以单位主管的名义在支票存根上签名；收据上标明：北江商贸城地块补偿款（浦口科技广场），补偿××置业有限公司补偿款。

在办理上述两张转账支票提示付款过程中，你违反《中华人民共和国票据法》的规定，擅自将收款人变更为江苏××建设工程有限公司。经进一步调查发现，江苏××建设工程有限公司设立于 2006 年 2 月 28 日，注册资本 600 万元，法定代表人为你本人，仅有的两名股东分别是你和你的妻子王××。转入该公司的 19 074 256.58 元，既无土地出让的事实，亦无实际交易的存在。你利用职务便利，将巨额财产转移到自己及妻子名下的公司，致使申请人持有的两份生效法律文书多年无法执行，该行为已涉嫌犯职务侵占罪、抽逃出资罪和非法处置查封、扣押、冻结的财产罪，应当从一重罪处罚。

鉴于此，委托人催告你于收函后 3 日内直接或通过本律师向委托人支付上述应执行款、诉讼费用、迟延履行加倍利息及九年来委托人因办理执行事宜而支出的交通费、住宿费、文印费、律师费等费用共计人民币 285 万元。否则，委托人将依法向司法机关举报，在追究你刑事责任的同时，收回自己应得财产，维护自身合法权益。

特此函告，请慎思！

律师（签名）：×××

江苏×××律师事务所

×年×月×日

附：

一、(2005)浦民二初字第 355 号民事调解书复印件一份；

二、(2007)浦民二初字第 475 号民事判决书复印件一份；

三、南京浦口区土地储备中心 2007 年 5 月 30 日记账凭证复印件一份；

四、票据号为 02384590，出票日期为 2007 年 5 月 18 日，金额为 12000000 元，用途为浦口科技广场土地补偿款，单位主管为胡雨山，收款人为南京 JH 置业投资有限公司的交通银行票据存根及相对应收据复印件一份；

五、票据号为 02384592，出票日期为 2007 年 5 月 25 日，金额为 7 074 256.58 元，用途为北江商贸城土地补偿款，单位主管为胡雨山，收款人为南京 JH 置业投资有限公司的交通银行票据存根及相对应收据复印件一份；

六、票据号为 02384590，出票日期为 2007 年 5 月 18 日，金额为 12 000 000 元，用途为土地补偿款，收款人为江苏 YG 建设工程有限公司的交通银行票据票面复印件一份；

七、票据号为 02384592，出票日期为 2007 年 5 月 27 日，金额为 7 074 256.58 元，用途为土地补偿款，收款人为江苏 YG 建设工程有限公司的交通银行票据票面复印件一份；

八、2005 年 6 月 22 日南京市工商行政管理局浦口分局公司变更核准通知书复印件一份；

九、2005 年 6 月 22 日南京 JH 置业投资有限公司《企业法人营业执照》(法定代表人由单志荣变更为胡雨山)复印件一份；

十、2007 年 6 月 1 日南京市工商行政管理局浦口分局公司变更核准通知书复印件一份；

十一、2007 年 6 月 1 日南京 JH 置业投资有限公司《企业法人营业执照》(法定代表人由胡雨山变更为单志荣)复印件一份；

十二、JH 公司 2005、2006、2007 年度资产负债表、损益表复印件各一份；

十三、2006 年 2 月 20 日江苏 YG 建设工程有限公司首次股东会纪要复印件一份；

十四、YG 公司董事会、监事会成员、经理情况表格复印件一份；

十五、YG 公司股东发起人名录复印件一份；

十六、YG 公司企业法定代表人登记表复印件一份；

十七、2006 年 2 月 28 日 YG 公司企业法人营业执照一份；

十八、YG 公司 2006、2007 年度经营情况表、资产负债表、损益表复印件各一份；

十九、全国法院被执行人信息查询截图一份。

（四）医疗纠纷律师函

律师函

敬启者：

江苏 ××× 律师事务所接受患者王某之子王某的委托，指派本律师就要求兴化市某某医院承担医疗侵权赔偿责任事宜，提出本律师函。

一、患者基本情况

王某，于 2014 年 12 月 25 日神志清楚的状态下入住兴化市某某医院内科，于 2014 年 12 月 27 日下午死于院方。患者主证为：胸闷、心悸、气喘。入院前体温、血压、呼吸、脉搏、大小便等各项体检检查指标正常，体重无明显增减。既往病史为：起搏器植入术。初步诊断为：1. 冠心病 房颤 起搏器术后心功能 3 级；2. 高血压病；3. 脑萎缩；4. 肺部感染；5. 低钠血症、

低钾血症。(余见病历资料)

二、治疗主要经过

患者王某入院前神志清楚,血压正常,大小便正常,体重无变化,除主诉外,无任何不适症状。检验显示血钠、血钾浓度偏低(钠 120.2 mmol/L,钾 2.8 mmol/L),院方给予补钠补钾纠正电解质紊乱、抗感染、降压、利尿等治疗措施。

补钠补钾治疗措施除常规使用生理盐水加药点滴治疗外,浓氯化钠注射液 + 100 ml 生理盐水连续多瓶静脉点滴,另增加生理盐水用药点滴。补钾方面静脉点滴 10% 的氯化钾外,另连续增加氯化钾缓释片 1 g 口服 qd;抗高血压的治疗:缬克、吲达帕按缓释片 20 mg qd。另用前列地尔注射液 qd 静脉点滴 3 天。(其他用药省略)

三、院方存在的医疗过错行为

分析院方提供的医嘱清单及其治疗方案,初步认定院方存在以下医疗过错行为。

(一)补钠补钾方案存在过错

25 日患者入院检验钠 120.2 mmol/L,钾 2.8 mmol/L;经过大量的补钠补钾治疗用药,26 日浓度仍为为钠 117 mmol/L,钾 2.91 mmol/L。基本没有改观,主管医师仇某在第一次调解中对此已做陈述,并且对治疗结果感到不解,这有点让人不可思议,主管医师竟然没有意识到治疗方案存在的错误问题。另外,第一次调解中某科长强调电解质紊乱是医院(三级医院)极其强调的重要治疗指标。我们通过相关病历资料,发现院方在处理低钠血症、低钾血症的治疗方案中存在过度用药,滥用药物、错误用药以及其他违反诊疗常规的地方。

纠正低钾血症的治疗方案,院方采用静脉点滴氯化钾注射液(基)10 ml,浓氯化钾注射液静滴,以及氯化钾缓释片口服等大量钾制品进行综合补钾,另通过生理盐水,以及浓氯化钠 + 小剂量生理盐水 100 ml 进行补钠,如此急速大量的高浓度补钾补钠,其结果不但没有扭转钠钾浓度相对偏低的检验结果,而且带来更为严重的不可逆转的恶性后果:患者高渗性脱水,水肿,腹部水肿,干渴后大量饮水,尿量持续性减少,严重的水钠潴留,血容量增大,血压急剧上升(190),最终造成患者心功能衰竭而死亡(心源性衰竭死亡)。

此治疗方案存在的问题有:(1)补钠补钾方案矫枉过正,矫枉不当。患者的血钠血钾水平入院属于轻度偏低,身体仍处于可耐受状态,院方在短时间里采用大量补充钠钾(尤其是高浓度钠盐的使用),导致患者高渗性脱水。(2)违反医疗规范,使用氯化钾缓释片。院方没有严格观察尿量和心电图,在尿量极少的情况下让患者口服氯化钾缓释片,违背医疗上的"见尿补钾"原则。期间,医生无视家属多次向医院反映患者饮用大量的水仍然口干,患者脸部严重浮肿,腹部肿胀,小便开始没有等症状,院方仍然没有停止上述治疗措施,坚持执行其原本错误的医嘱执行。(3)临床医生缺乏基本的医疗常识判断。患者经过大量急速的补钠补钾措施后,主管医师仇某对血钾血钠浓度为什么还是无法升高自己都无法解释(首次调解中仇某已承认),甚至认为补得不够,让患者吃大量的橙子来补钾,进而又导致患者血糖急速上升。医生仇某对补钠补钾不当可能造成的严重后果估计不足的情况也是造成患者水钠潴留的严重后果。(4)25 日下午患者入院,体质特殊,医生仇某所开具的所有医嘱并未得到上级医生的确认,针对一个体质特殊的患者,相当草率。

另外,我们认为,入院前的患者的血钠血钾水平属于相对偏低,神志清楚的情况下入院,尚能耐受,并非危及生命。如

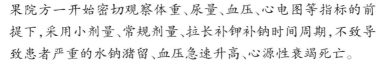

果院方一开始密切观察体重、尿量、血压、心电图等指标的前提下，采用小剂量、常规剂量、拉长补钾补钠时间周期，不致导致患者严重的水钠潴留、血压急速升高、心源性衰竭死亡。

（二）医院违背用药禁忌

主要存在的问题是：（1）降压治疗措施吲达帕胺缓释胶囊 1.5 mg qd，低钾血症是该药的禁忌证之一。院方在明知血钾偏低的情况下仍然违背用药禁忌继续使用。（2）采用氯化钾缓释片（1 g，口服，tid）"见尿补钾"是医疗原则，患者家属向医护人员反映患者干渴大量饮水后尿量仍然明显很少的前提下，院方无视禁忌证，院方不顾此原则，继续使用氯化钾直至患者死亡。（3）心功能不全患者禁用前列地尔注射液，院方在明知患者心功能 3 级及严重水钠潴留、血压陡然上升仍然违反用药禁忌，是导致患者心源性衰竭死亡的直接原因。

（三）院方存在过度治疗行为

患者 25 日神志清楚的入院，入院前仅服用 2 种抗高血压药物，所诉症状系低钠低钾所引起，余无任何不适症状。原本这些症状可以通过正常输液（常规浓度的生理盐水、KCL（基）点滴），及时更换排钾性抗高血压药物的治疗方案即可改善。但院方于此不顾，开具大量的口服、静脉注射、静脉点滴、肌肉注射（详见医嘱），全面抗感染、抗血压、利尿、活血、抗心绞痛等等。可以说，对一位离休干部的过度治疗也是加重其病情急剧恶化死亡的原因之一。

（四）院方用药没有考虑患者的特殊体质

院方治疗方案没有顾及患者的特殊体质，也没有尽到诊疗上的注意义务。院方在明知患者于 2004 年进行起搏器植入术的病史及心功能 3 级、高血压病史的情况下，对于补钠补钾措施、抗高血压的治疗方案完全没有意识到患者特殊体质对用药的谨慎要求。仇某医师开具的首次治疗方案没有得到上级医生的审核，也没有通过会诊手段谨慎论证治疗方案的可行性及其对可能带来的严重后果(例如水钠潴留、心力衰竭的发生)进行评估和论证，也没有向患者家属告之治疗方案可能存在的医疗风险及其可能造成的危害，更没有向家属提出转院的意见，仇某个人过于自信的采用错误的补钾补钠措施、违背用药禁忌(前列地尔注射液)，以及无任何严格的监测措施(体重、尿量)最终导致患者的直接死亡。

四、院方应承担全部医疗侵权责任

院方在整个医疗过程中存在大量的过错行为。(1)补钠补钾治疗方案存在错误。(2)补钠补钾没有按医疗常规对体重、尿量进行全种监测，患者严重水肿和无尿仍然不停止补钾。可以说，大量补钠补钾均未能提升钠钾水平，直至患者全身浮肿、水钠潴留导致心衰死亡，仇某医师都未意识到问题出在何处，这种医技水平，注定患者必死无疑。(3)违背用药禁忌，明知患者存在严重的心功能不全，仍然使用前列地尔注射液，这与死者心源性衰竭死亡有直接的因果关系。以上过错医疗行为是导致患者死亡的直接原因。

患者的死亡与院方医疗过错行为之间存在因果关系。患者入院前，在家里仅用两种抗高血压药物，身体无其他不适，饮食起居都没有问题。入院时血压正常，大小便正常，体温正常，体重无波动无水肿，其主诉中的不适症状系因服用排钾性抗高血压药造成，25 日入院后化验血钠血钾浓度偏低，但属于非严重程度。这个问题原本可以通过饮食调整和正常的电解质点滴即可解决。但是，患者入院后，经过 25 日、26 日、27 日的 3 天严重错误的治疗方案(高浓度大剂量的使用钠钾)，患者原本没有的症状急速出现(严重水肿、血糖、血压升高,呼吸困难,无法入睡),并呈现急剧加重,导致病情快速恶化。一是血压从入院前的正常状态升高至198/96,这既与患者改用医院提供的降压治疗方案有关,也与因降压、补钾补钠的错误治疗方案有关。二是患者入院前无任何水肿现象,住院期间开始出现严重的水肿现象,也与错误的补钠补钾方案导致的严重后果不无关系。错误的补钠补钾治疗方案导致严重的水钠潴留、血压升高、导致患者心脏负荷加重,进而最终导致心衰死亡。三是违背用药禁忌,明知患者存在严重的心功能不全,仍然使用前列地尔注射液。直至患者死亡,院方都没有对自己的错误的治疗方案加以纠正。这些错误的治疗方案以及未采用必要的监测措施与患者心源性衰竭死亡具有直接的因果关系。

综合以上治疗方案及其病程,院方存在着过错医疗行为,其过错行为与患者的死亡之间具有直接因果关系,院方应承担全部医疗过错责任。

根据《侵权责任法》第54条规定的规定,"患者在诊疗活动中受到损害,医疗机构及其医务人员有过错的,由医疗机构承担赔偿责任",第58条规定,患者有损害,因下列情形之一的,推定医疗机构有过错:(一)违反法律、行政法规、规章以及其他有关诊疗规范的规定。院方应该承担全部的医疗侵权责任。

五、本律师之意见

患者王某,系离休干部,工资超过10万/年,其突然离世,不仅给其亲属及其生前相关单位造成了沉重打击,也给其家属造成巨大的经济问题。患者家属尽量保持克制的心情,没有冲击院方单位,也没有影响到院方医疗秩序。我们希望院方能够坦然面对诊疗过程中存在的诸多问题,勇于承认医疗过错行为,进一步规范医疗行为,提高医疗水平,避免医疗事故的再次发生。

本律师建议院方通过调解的方式全面履行因医疗过错导致患者死亡的全部赔偿责任,以避免不必要的经济损失、声誉损失及其诉累。否则,本律师将作为王某的代理人通过法律途径依法维护其合法权益。

特此函告!

××××律师事务所

律师×××

×年×月×日

范文二:

律师函

××××人民医院六横分院领导台鉴:

××××律师事务所接受李某的委托,指派本律师全权代理处理贵院与李某医疗事故致人身损害赔偿一案。为了尽快妥善解决纠纷,避免不必要的诉讼拖累,将该事件造成的社会负面影响降至最低,特提出如下处理意见和方案,希望采纳。

根据委托人提供的证据材料和案件事实现查明:2012年2月22日上午,委托人李某因左肘关节疼痛三天,前往贵院就诊。由门诊医师予以局部封闭治疗。注射后当即发生五指麻木,医师说是正常现象。次日早,发现患者左手手指不能背伸。患者当即前往宁波李某利医院就诊,诊断为封闭针损伤背神经。2月21日,六横分院诊断为神经卡压。3月7日,经做肌电图检查,院长做出先在六横分院做两周保守治疗,院方负责治疗费用。经治疗无任何好转迹象,遂建议前往上海华山医院治疗。3月26日入院,诊断为左前臂桡神经深支损伤。3月29日行左前臂桡神经深支修复术。4月1日出院,维持原诊断。建议 3 月后复查,可能需再次手术神经松解或功能重建。现恢复不良,左拇指及腕掌关节丧失大部分功能。经舟普东医司【2012】临鉴字第 487 号法医临床司法鉴定意见书结论为:被鉴定人李某因本次意外致左前臂桡神经深支损伤,经住院手术等诊疗,目前遗留左腕关节功能丧失 25% 以上、左手五指功能丧失 10% 以上,综合评定其残疾等级为九级。

　　委托人现年 38 岁,原本幸福健康,是造船厂熟练电焊工人,抚育 2 个未成年子女,赡养 4 个老人,现却因贵院的医疗事故导致左手终身残疾,一家人精神极度痛苦不堪。在正式提起诉讼之前,本律师秉持社会稳定、化解矛盾的原则,建议医患双方友好协商,以期妥善解决此案。特此建议如下:

　　一、根据国务院颁发的《医疗事故处理条例》最高人民法院《关于审理人身损害赔偿案件适用法律若干问题的解释》之规定,你院应赔偿金额共计为人民币 321 028 元,含精神抚慰金 5 万元。(不包括医院已经垫付的医疗费等有关费用)请在接函后 15 日内赔偿完毕。

　　二、请在接函后 5 日内给予答复。

××××律师事务所

全权代理律师:×××

×年×月×日

第四章

律师函与律师
声明的区别

一、律师声明的定义

　　律师声明是律师按照委托人的授权,基于一定目的,为达到一定效果,以律师名义就有关事实或法律问题进行披露,评价以求达到一定效果而制作、发送的文书。从律师声明的定义来看,律师声明主要是就特定事项针对不特定对象,通过报纸、期刊、广播、电视、网络等媒体公开表明立场。

二、律师函与律师声明的区别

　　首先来看关于同一个某不正当竞争行为出具的律师声明和律师函:

律师声明

　　广东×××律师事务所受××科技(香港)有限公司(下称××公司)之委托,就其合法权利受到不正当竞争行为的侵犯等事宜,郑重声明如下:

　　××公司是专业从事 LED 电源等产品的研发、生产和销售的企业。××公司开发、生产的 KAV-12200-O 等型号的

"KT"系列 LED 电源产品,已通过"CE"认证并获得认证书。

近日,某些单位或者个人冒用××公司特有的 KAV－12200－O 产品型号生产 LED 防水电源,擅自使用与××公司相近似的产品标识,并伪造、冒用"CE"认证标志。该行为严重违反了《中华人民共和国反不正当竞争法》第五条第(二)、(四)项之规定,侵犯了××公司的合法权益。

为此,××公司敦促有关单位或者个人立即停止违法侵权行为,销毁侵权标识,收回已经投入市场的侵权产品;因其违法侵权行为所造成的一切不利后果应由侵权者承担;××公司保留追究侵权者相关法律责任的权利。

特此声明!

广东××律师事务所

律师:×××

×年×月×日

律师函

刘××先生:

广东×××律师事务所律师受××科技(香港)有限公司(英文名:××× TECHNOLOGY CO., LIMITED,以下简称"××公司")之委托,郑重致函阁下。

××公司是一家专业从事 LED 开关电源和 LED 控制器产品的开发、生产和销售的企业;KAV－12200－O 等型号的"KT"系列 LED 电源(LED power supply),是××公司开发、生产或者授权生产的产品,该产品的型号及其标识方法也为××公司特有并在生产销售过程中沿用至今;该"KT"系列的 LED 电源全部通过第三方的"CE"认证;××公司以高品质的服务和产品进入市场,在欧洲和美国享有很高的知名度和良好的声誉。

"CE"标志（CE Marking）是一种安全认证标志，是产品在欧盟境内市场的通行证。低电压电气产品、电磁兼容性等产品必须经过"CE"认证，始得于欧盟各国销售。任何产品若要使用"CE"标志，必须向有资质的第三方认证机构提出申请，经审查符合相应标准的，由认证机构核准并发给认证书（CERTIFICATE OF CONFORMITY）。

现××公司经调查证实，阁下于2010年7月至11月期间，以"广州××公司"的名义，向××公司的长期合作客户佛山市××电子有限公司订制LED防水电源（Waterproof LED power supply）。阁下在没有取得××公司授权的情况下，冒用××公司特有的产品型号，擅自在LED电源上使用与××公司相近似的产品标识，使购买者误认为是××公司的知名产品；阁下在没有取得任何CE认证书的情况下，在产品上伪造、冒用"CE"认证标志。阁下的行为严重违反了《中华人民共和国反不正当竞争法》第五条第（二）项、第（四）项之规定，属于不正当竞争行为，侵犯了××公司的合法权益。

针对上述事实，××公司委托本律师郑重敦促阁下：立即停止违法、侵权行为，销毁侵权标识，收回已经投入市场的侵权产品；因违法、侵权行为所造成的一切后果应由阁下承担；××公司并保留追究阁下相关法律责任的权利。

特此函告。

广东×××律师事务所

律师：×××

×年×月×日

从上述针对同一事件制作的律师声明和律师函，可以看出律师函与律师声明具有以下几点不同。

1. 对象不同

律师声明主要是针对不特定对象。

律师函的对象通常是特定的（涉嫌构成侵权的法人、组织或者个人，或者是违反合同的约定的相对人）。

一个对象不特定，一个对象特定。

2. 目的不同

律师声明的主要目的是公开澄清事实、消除不良影响，防止招摇撞骗。次要目的是对潜在的侵权人或者正在侵权的侵权人提出警告，起到警示作用，还可以起到宣传教育作用。

大体意思分为两个套路和三个层次：

第一个套路：

（1）最近有人借着我的名义干坏事，我声明跟我没有关系。

（2）广大人民群众别上当，看完声明还执着上当的，后果自负。

（3）干坏事儿的我知道你是谁，赶紧消停点，否则等着律师函。

第二个套路：

（1）最近有人诽谤、污蔑我，我声明我的人品棒棒的。

（2）广大人民群众分清事实、擦亮眼睛，千万不要跟着传播。

（3）谁诽谤、污蔑我，我知道，赶紧自己主动消除影响，否则跟你没完。

相比起来，律师函要求更加严格且严肃，其目的是通过律师表明权利人的主张，对侵权或者违约行为的性质、后果、法律责任等进行法律阐述，使责任人清楚其行为应当承担的法律后果。如果将来确要诉讼，那么，对方收到确有理由的警告而不停止侵权或者违约行为,可以确定侵权具有明知性。

大体意思同样分为三个层次:

(1)我有证据、有法律依据证明就是你侵害我权利。

(2)暂时不动你,看你表现。

(3)如果你拒不悔改,咱们对决公堂。

律师函一旦发出,对方收到确有理由的警告而不停止侵权或者违约行为,可以确定侵权具有明知性,性质更严重!

3. 需要查明的事实内容不同

对于律师声明来说,律师可根据委托人或者嘱托人的委托发出声明。除了我们经常看到的明星的律师声明,很多商事主体也经常发布律师声明,比如对一些影响公司商业信誉的情况发布声明等等。对于律师来说,律师声明也是一份法律文件,在发出之前需要查明如下事实:

(1)声明人主张的权力是否符合法定条件,名称是否准确、范围是否明晰、内容是否固定。

(2)声明人是否对主张的内容拥有合法权利。

(3)查明侵犯声明人权力的行为已经实施、正在实施或准备实施,主要包括哪些侵权行为。

(4)声明人提供的证据事实能否支持其声明意见等。

律师函相对于律师声明具有更加严格的规范要求。律师在发出律师函之前应当获得委托人的明确授权,且需要查明如下事实内容。

(1)委托人主张的权力是否符合法定条件,名称是否准确、范围是否明晰、内容是否固定。

(2)委托人是否对主张的内容拥有合法权利。

(3)发函对象与委托人的关系。

(4)发函对象是否存在侵权或者违约行为,以及具体事实。

（5）发函对象可能承担的法律责任。

（6）委托人提供的证据材料能否支持律师意见。

律师函才是具有法律震慑作用的，证据事实非常重要。如果没有确凿的证据，就没有根据提出律师函，也就是说无法进一步提起诉讼。

4. 内容不同

对于律师声明来说，无论是澄清事实，还是警告侵权人，其大致内容都可分为声明事项和声明意见两个主要部分。

（1）声明事项是指声明人对涉及自身权利的什么事情发表声明，需要写明具体的事实；

（2）声明意见是指声明人对于声明事项所持的态度、主张和依据。

对于律师函来说，它的内容要更加具体、规范，主要内容包括：

（1）委托人享有的权利内容；

（2）能证明义务人侵权或者违约事实，同时结合法律依据对事实性质的分析，指出其可能承担的法律责任；

（3）提出委托人的要求；

（4）在律师函附件中可以列明适用的法律条款，以帮助发函对象了解法律的规定和其可能承担的法律责任；

（5）在针对某些侵权或者违约行为时，也可以考虑附上签收证明和承诺书，让发函对象签收律师函，并给予合理期限签署承诺书。

总体来说，律师函具有更加规范与震慑性的法律意义，通常需要收集确凿的证据才能进一步提起诉讼，而律师声明就是一份发声，告诉声明中提到的相关对象："你们不许乱说了啊,再说我就要告你们了啊。"

5. 发布方式不同

律师函通常通过信函邮寄或者电子邮件的方式送达。

律师声明通常通过报纸、期刊、广播、电视、网络等媒体公开。

三、律师声明范例

范文一:

律师声明

上海×××律师事务所(以下简称"本所")受上海×××投资管理有限公司(以下简称"公司")的授权委托,指派本所张××律师、郭××律师,发表以下律师声明:

1. 根据截至本声明发布之日的工商登记文件记载,崔×先生有效持有公司50%股权,为公司大股东。崔×先生是公司的执行董事和法定代表人。除崔×先生授权的人士外,其他任何人士均无权代表公司。

2. 依据一份签署于2018年11月16日的授权书,崔×先生已将其所持有的公司的全部股权所对应的股东权利委托崔××女士代为行使,委托期限自2018年11月16日起直至崔×先生书面撤销委托止。

3. 依据一份签署于2018年11月20日的任命书,崔×先生作为公司的执行董事,已根据《公司法》以及公司章程第十六条第(9)项的规定,聘任崔××女士为公司经理。崔××女士依法有权主持公司日常经营管理工作。除崔××女士外,其他任何人士均无权主持公司日常经营管理工作。

4. 依据2019年3月15日的《上海×××投资管理有限

公司股东大会决议》，成×先生已被免去公司监事职务，陈×先生被选举为新的监事，任期三年，自 2019 年 3 月 15 日至 2022 年 3 月 14 日止。

5. 崔×先生已将其保管的公司唯一经合法程序刻制并备案的公章交崔××女士保管，除崔××女士保管的公司公章外，其他任何所谓的公司公章，均涉嫌伪造，将依法追究相关的法律责任。

6. 本律师是唯一经公司合法授权的法律代表，本律师将依据公司的授权依法维护公司的合法权益。

特此声明

上海×××律师事务所

×××律师 ×××律师

二〇一九年五月三十一日

范文二：

律师声明

北京××律师事务所接受冯××先生的委托，指派徐××律师就部分网络用户针对冯××先生发布负面不实信息一事发布本律师声明。

近日，冯××先生向本律师事务所称，名为"老C队长"的新浪微博用户公然发布造谣信息，严重侮辱、诽谤冯××先生，如"冯裤子被罚 20 亿""我说的就是大导演冯××，20 亿……"等。该等微博内容以侮辱的方式恶意诽谤冯××先生被有关部门罚款 20 亿元，并被众多网络用户转载、评论，已然演变为网络暴力。

经本律师向冯先生求证，确认绝无此事，前述微博内容纯属无中生有，恶意捏造。该等虚假信息已严重贬低了冯××

先生的社会形象,扰乱了冯××先生的正常工作和生活,同时给冯××先生精神上造成了极大的损害。

基于上述事实,本律师接受冯××先生的委托,针对上述侮辱、诽谤信息的发布者及转载者公开发布本律师声明。

一、自然人享有名誉权,其人格尊严受法律保护。本律师严厉谴责并抵制一切针对冯小刚先生的网络暴力,同时依法保护冯××先生的人格权益;

二、严正警告相关网络用户,即刻删除所有诽谤、侮辱、造谣冯小刚先生的博文,并承担赔礼道歉、赔偿损失等侵权法律责任。

三、本律师已接受冯××先生的委托,将依法采取法律途径追究"老C队长"等微博用户的法律责任!

特此声明!

北京××律师事务所

××律师

×年×月×日

范文三:

律师声明

北京××律师事务所×××律师依法接受运动员孙×的委托,就 2019 年 1 月 27 日英国星期日泰晤士报 The Sunday Times 关孙××违反世界反兴奋剂条例面临终身禁赛的不实报道,郑重发表律师声明如下:

2018 年 9 月 4 日晚,DTM 公司三名工作人员至孙×住处对其进行赛外反兴奋剂检查,整个检查过程存在多项违规操作:第一包括血检官、尿检官在内的三名工作人员均无法提供 IDTM 公司对此次检查的授权文件;第二,血检官和尿检官均无法提供反兴奋剂检查官资格证明,且血检官无法提供护士执业证;第三,三名工作人员在检查报告中虚假陈述,恶意捏造孙×违反《世界反兴奋剂条例》的事实

随后,IDTM 公司将三名工作人员的不实报告提交至国际泳联。2018 年 11 月 19 日,国际泳联针对此事在瑞洛桑举行了长达 13 个小时的听证会,本律师出席了此次听证会,孙×本人、孙×和 IDTM 公司的证人均接受了询问。2019 年 1 月 3 日,国际泳联做出裁决,认定孙×不存在违反《世界反兴奋剂条例》的行为。

国际泳联在裁决中明确指出此次听证会的内容绝对保密孙×是中华人民共和国优秀运动员,是世界纪录、奥运会纪录的保持者,目前正积极备战国际赛事英国星期日泰晤士报 The Sunday Times 及别有用心的人士择此时间恶意报道此事,居心回测,且已严重侵犯了孙×的隐私权和名誉权。孙×保留追究英国星期日泰晤士报 The Sunday Times 及报道、宣扬此事的其他媒体和个人相关法律责任的权利

孙×是国家和民族的骄傲,遵守反兴奋剂条例。作为中国人,包括孙××、本律师在内的所有公民坚决维护国家的荣誉;作为个人,孙×坚决捍卫自己的合法权益。希望国内各传统媒体和自媒体平台停止转发、传播,为孙×、为中国游泳和中国运动员在国际赛事中取得更优异的成绩创造良好的社会环境和舆论环境。

北京××律师事务所

××律师

×年×月×日

范文四：

律师声明（网站声明）

网（www.，以下简称"网"）是根据中华人民共和国法律设立的合法网站，所有者为有限公司。律师事务所经公司授权，特发表如下声明：

本网站由有限公司版权所有，未经授权禁止复制或建立镜像。

本网站上刊载的所有内容，包括但不限于文字报道、图片、声音、录像、图表、标志、标识、广告、商标、商号、域名、软件、程序、版面设计、专栏目录与名称、内容分类标准以及为注册用户提供的任何或所有信息，均受《中华人民共和国著作权法》《中华人民共和国商标法》《中华人民共和国专利法》及适用之国际公约中有关著作权、商标权、专利权及／或其他财产所有权法律的保护，为所有。

使用者将本网站提供的内容与服务用于商业、营利、广告性目的时，需征得在网的书面别授权，注明作者及文章出处"网"，并按有关规定支付相应费用。

未经网的明确书面特别授权，任何人不得变更、发行、播送、转载复制、重制、改动、散布、表演、展示或利用网的局部或全部的内容或服务或在非××网所属的服务器上做镜像。否则以侵权论，依法追究法律责任。本网站所使用的所有软件归属网所有，受《中华人民共和国著作权法》计算机软件保护条例及国际版权公约法律保护。除经本网站特别说明用作销售或免费下载、使用等目的外，任何其他用途包括但不限于复制、修改、经销、转储、发表、展示、演示以及反向工程均是严格禁止的。否则，本网站将依据《中华人民共和国著作权法》及相关法律追究经济赔偿和其他侵权法律责任。

转载或引用本网版权所有之内容须注明"转自（或引自）网"字样，并标明本网网址。

除注明"来源：网（频道）"的内容外，本网以下内容亦不可任意转载。

1. 本网所指向的非本网内容的相关链接内容；

2. 已做出不得转载或未经许可不得转载声明的内容；

3. 未由本网署名或本网引用、转载的他人作品等非本网版权内容；

4. 本网中特有的图形、标志、页面风格、编排方式、程序等；

5. 本网中必须具有特别授权或具有注册用户资格方可知晓的内容；

6. 其他法律不允许或本网认为不适合转载的内容。

转载或引用本网内容不得进行如下活动：

1. 损害本网或他人利益；

2. 任何违法行为；

3. 任何可能破坏公共秩序的行为；

4. 擅自同意他人继续转载、引用本网内容。

对于不当转载或引用本网内容而引起的民事纷争、行政处理或其他损失，××网不承担责任。对不遵守本声明或其他违法、恶意使用××网内容者，××网保留追究其法律责任的权利。

若发现他人侵害××网所有者合法权益，本律师将受托依法追究其侵权责任。

> ××律师事务所
>
> ××律师
>
> ×年×月×日

第五章

应对律师函的一般方法

对于很多企业或者个人来说，收到律师函总意味着"摊上事儿了"，毕竟没有人会好端端给你发律师函。其实，律师函只是律师通用的一种相对正式的文书，律师函本身并没有任何的法律效力。很多不熟悉律师函的人，收到这类的文书往往会比较担心，也不知道该怎么处理，所以律师函很多时候给人的感觉更多是起一个吓唬或者提醒对方的意思。

其实，收到律师函之后，正确的处理方式应该是先辨别律师函的真假，其次再去根据律师函陈述的事实做下一步处理。

一、辨别真假律师函的方法

一般正规的律师函上都留有律师事务所的名称、地点、电话及律师的姓名、电话等信息，收函人可以在司法部门的网站上查询律师事务所信息，拨打司法部门网站上留的该律所的电话，核实律师函的真伪。

二、律师如何帮助客户处理收到的律师函

律师帮助客户处理律师函时，主要包括以下三方面工

作:1. 审核律师函所陈述的事实、律师函的措辞及律师意见;2. 根据客户的意见,代写律师函回函;3. 如果律师函存在侵犯收函方名誉权、构成商业诋毁、构成不正当竞争之嫌,律师需要帮助客户通过提起相关的诉讼进行维权。

（一）如何回函

首先律师应当向当事人明确是否回复由当事人自己决定的,律师只是提出建议,但是应当告知当事人不回复的后果:如果不回复或不积极进行电话、当面谈判,发函一方会考虑采取其他法律措施,所以最好进行回复,以说明问题表明态度。另外,如不及时回复,有些情况可能形成自认。

律师代写回函时,要注意以下几点。

（1）必须指出对方律师函中的不符合事实的地方。

（2）律师函都是扬长避短的,回函中,对于本方不利的事实,一般予以回避;但对于对方律师函中存在的违约或违法处,须以其人之道还治其人,予以指出。

（3）要么不回函,要么及时回函。不回函是不想把本方信息(策略)传递给对方,回函是必须把本方信息(正义)传递给对方。

（4）回函要简短有力。律师函回函应就发函方提到的问题进行简单全面的回复,避免长篇累牍,耽误双方的时间,降低沟通的有效性。

律师可以接受当事人的委托,作为律师函的业务类型,以律师事务所的名义对当事人收到的律师函进行回复;律师也可以针对当事人收到的律师函,为当事人提供法律咨询服务,由律师代为拟定律师函回函,并且以当事人的名义签发。这两种服务方式当事人可以自由选择。

（二）回函范例

范文一：

催款函之回函

AAA 律师事务所、DDD 有限公司：

BBB 律师事务所接受 CCC 的委托，指派 ××× 律师作为其代理人，现就贵所于 × 年 × 月 × 日向 CCC 寄发的催款函复函如下：

你方律师函中提到的要求，CCC 非常重视。此前及近段时间以来，CCC 各级领导一直积极为之筹措款项，多方融资，可惜多遇阻难，未能如愿。即如此，仍将竭力争取在近期筹措款项支付给贵司，还请贵所及贵司予以些许时日为感！

对贵司一直以来予以 CCC 的支持，CCC 是铭记在心的，特在此表示深深的谢忱！

谨此

顺颂商祺！

××× 律师事务所

××× 律师（联系方式：×××）

× 年 × 月 × 日

范文二：

律师函（合同纠纷律师函回函）

致：上海 ××× 律师事务所暨 ×××× 律师

敬启者：

×××× 律师事务所接受上海 ×××× 有限公司（以下简称"委托人"）委托，指派田玉民律师作为其委托代理人，全权处理委托人与上海 ×××× 有限公司（以下简称 ×××× 公

司）×××× 买卖事宜,现就贵所于 2010 年 8 月 29 日致委托人的律师向贵所并 ××× 公司答复如下:

如贵所律师函所述,××× 公司于 2010 年 4 月 15 日通过商品采购订单向委托人采购通用 ×××× 一台,品牌为×××,规格为"1×××-×××××-×,含税合计金额为人民币405,785.00 元。委托人于 2010 年 6 月 2 日依照采购订单相关约定向 ××× 公司交付了货物,××× 公司接受货物并向委托人支付了全部货物价款,双方合同履行完毕。2010 年 8月 × 日,××× 公司担当采购人员突然告知委托人其客广要求在 ×××× 增加 K00+K18+K42 三项附件,委托人告知其可再行向制造商 ××× 公司单独购买该等附件。

2010 年 8 月 29 日贵所向委托人发出律师函,提出货物规格不符并要求委托人更换。委托人认为,该等要求毫无道理,××× 公司在订购之时并未告知委托人其客户需增加K22+K58+K23 三项附件,委托人向 ××× 公司交付的铭牌为"1×××× — 4××××"的 ×××× 是完全符合采购订单要求的,其规格型号之意与"1×××-3333-×"完全相同,其功能、性能、参数指标、使用价值与 1×××"-3333-×-Z完全相同。"1×××-3333-×"之"Z"系指附件之意,意为购买人可以在该 ×××× 上增加附件,如购买人确需增加附件,则须准确告知制造商所需增加的附件种类并正确表述规格型号。"1×××-3333-×"为通用 ×××× 型号,可满足通常情况下的生产需求,但该电机亦可根据不同购买人的特殊需求再行增加附件,故其型号规格后可增加"-Z 字样表明该电机可增加附件。例如,该通用电机可增加的附件型号共约二十余种,如购买人意欲在该通用产品上增加 Shaft seal（对应附件编号为 K18）和 Brake（对应附件编号为 G46）两项,则其应将具体附件告知生产者,并将电机规格正确表述为"1×××−××××−×=K18+G46"。如购买人将规格型号表述为"1×××−××××−×"则表明该电机可增加附件,但其并不实际要求增加附件,此时之 Z 相当于零,此为行业常识。

本案中,无论是前期买卖磋商中还是在订单条款上,×××公司均未告知委托人其需在通用电机之外再行增加附件,其订单规格型号也未表明其需增加附件。委托人向×××公司交付通用××××后×××公司亦完全接受了货物并向委托人支付了价款,该价款也是不含任何附件价格的通用产品价款,双方合同已履行完毕。因此,委托人系严格依照订单要求交付货物,不存在任何违约行为。×××公司由于自身采购人员专业知识欠缺或未能勤勉尽责等原因未将其客户在通用产品上增加 K00+K18+K42 三项附件的要求在订货时以订单、规格型号或其他任何方式告知委托人,却在其客户提出异议之后转而要求委托人再行增加附件,妄图将自身失误转嫁他人,显属无理。需要顺便指出的是,这已是×××公司采购人员第二次在订单中将其客户要求表述错误。

鉴于委托人与×××公司之前的合作关系,如×××公司确需再为其客户增加 K00+K18+K42 三项附件,委托人愿意协助×××公司与制造商×××公司进行协调,但由此发生之所有附件费、运费、返工费等相关费用均由×××公司自行承担。如委托人在协调过程中产生费用负担,×××公司应予赔偿。

以上,如有任何疑问,请与本所律师联系(联系方式:××××××)。

专此函达，并颂商祺。

×××××律师事务所

×××律师

×年×月×日

范文三：

关于《律师函》的回复函

河南××律师事务所、××建设集团有限公司：

我公司于2012年5月23日收到××建设集团有限公司邮寄的贵所出具的《律师函》。收函后，公司领导非常重视，经过认真了解事实，并仔细查阅招投标文件及相关材料，现对贵所出具的《律师函》内容回复如下：

一、招标人河南××置业有限公司（以下简称招标人）是通过公开招标的形式发布郑州市××一期二标段施工总承包工程，投标人××建设集团有限公司（以下简称投标人）是自愿参加投标活动，投标人在按时投递投标文件时已详细审核了招标人的全部招标文件，并充分了解了项目现场状况及周边环境。

二、招标文件中已明确告知投标人发包的建设项目所在地详细地址，并告知投标人如有疑问可以书面形式向招标人询问，但在招标文件中约定的截止时间投标人未有任何疑问需招标人解释。

三、中标通知书下发后，招标人与投标人签订的合同内容与招标文件内容一致，并未做实质性改动。

四、律师函中所述的投标人认为无法克服的困难系投标人主观臆断。

五、招标文件第一章3.4.4（6）明确约定"中标人在收到中标通知书后,无正当理由拒绝签合同协议书或未按招标文件规定提交履约担保"的投标保证金不予退还。

鉴于以上事实,招标人认为,招标文件中已详细对分包项目、供应材料等做了详细约定,投标人所主张的理由均不能成为投标人拒绝签订合同的正当理由。招标人的招标活动及投标人的投标活动均符合相关法律规定,招标人下发的中标通知书合法有效,受到法律保护,双方的合同关系已经成立,投标人应遵守招标文件和投标文件的内容,在规定的时间内签订合同,否则投标人的投标保证金完全有理由不予退还。

鉴于此,请贵所再次认真了解事实经过,审核相关材料并依据相关法律规定认真做好委托人的解释工作,以维护法律的严肃性。

特此函告!

河南××置业有限公司

××××年××月×日

范文四:

北京××有限公司对××律师事务所律师函的回函

致×××律师事务所、杭州×××有限公司:

我司于×年×月×日星期三下午收到贵公司委托×××律师事务所发出的《律师函》,现对函中提及的相关事务做如下回复:

域名城作为一个互联网信息服务平台,贵方律师函中提到的相关帖子为域名城论坛用户个人行为,并不代表域名城及我司观点。

我司认为,执行删除、屏蔽、断开连接等措施是对我司域名城平台所有用户的伤害,用户享有知情权与自我保护的权

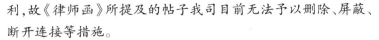

利,故《律师函》所提及的帖子我司目前无法予以删除、屏蔽、断开连接等措施。

特此函告!

北京×××有限公司

×年×月×日

附:相关帖子链接(略)

(三)律师函侵权的维权措施

作为接收律师函一方的代理人,律师在帮助客户处理律师函时,要对律师函中提到的事实与措辞进行审核,若发现发函人在撰写律师函时未对案件情况进行客观调查与核实,或没有尽到应有的审慎注意义务,在律师函中的措辞有不客观的情况,从而导致律师函中的内容失实,有侵犯收函方名誉权、构成商业诋毁、构成不正当竞争之嫌,此时就需要帮助收函一方对发函人提起相关的维权诉讼,具体来说,一般有以下三种诉讼:

1. 确认不侵犯专利权之诉

确认不侵犯专利权之诉是针对专利领域侵权律师函被滥用的一种适当限制措施,专利权人一旦发出警告函,被警告人可以向权利人发出书面催告权利人及时起诉。若专利权人收到被警告人的书面催告之日起一个月内,或者自书面催告发出之日起两个月内,专利权人既不撤回警告也不提起侵权诉讼,被控侵权人可以依据此警告函,向发函人提出"确认不侵犯专利权"之诉。典型的因专利侵权律师函引发的确认不侵权之诉的案件有双环与本田不正当竞争案。

收函方提起确认不侵犯专利权之诉,侵权警告函发送人在其侵权指控被法院认定不成立的情况下,可能需要承担消除影响、赔偿损失的民事责任。北京市高级人民法院在北京水木天蓬医疗技术有限公司、江苏水木天蓬科技有限公司(合称"水木天蓬公司")诉北京速迈医疗科技有限公司("速迈公司")确认不侵害专利权纠纷案的审理中明确了在侵权指控最终被认定不成立的情况下,专利权利人向竞争对手的客户发送警告函的行为很可能构成不正当竞争行为,而专利权利人需要就不当警告行为承担相应的民事责任。

2. 侵害名誉权之诉

我国《民法通则》第一百零一条和《最高人民法院关于贯彻执行〈中华人民共和国民法通则〉若干问题的意见》第一百四十条详细规定了法人和自然人的名誉权应该受到保护,以书面、口头等形式诋毁、诽谤法人名誉,给法人造成损害的,应当被认定为侵害法人名誉权的行为。特别是在发函人通过媒体或者其他公开途径发送律师函的情况下,若发函人在律师函中陈述的内容并非完全客观真实,被侵权人有可能据此在中国提起侵害名誉权的诉讼。

3. 商业诋毁的不正当竞争之诉

我国《反不正当竞争法》第十四条规定,经营者不得捏造、散布虚伪事实,损害竞争对手的商业信誉、商品声誉。因此,"虚伪事实"是构成不正当竞争行为的关键。比如,在警告函中将"专利申请"称为"专利",或者明知其专利为无效专利,仍主张权利,极有可能被认为陈述了虚假事实。

事实上,很多侵权人都将侵犯名誉权和不正当竞争在确认不侵权之诉中一并主张。

第六章
律师函的收费

　　律师出具一份律师函,到底要收取多少律师费?收费太低不行,一来客户不会相信这东西有多大价值,而且容易对律师的专业性起疑,毕竟对于律师这个行业,收费高低在某种程度上也可以体现律师的水平高低;二来律师出具律师函需要进行大量的工作,这其中包括根据委托人的陈述及其提供的证据理清楚案件事实、在审查清楚事实的基础上做深入的法律分析,有时可能还需要调查取证,整个工作完成需要花费时间、精力,并且需要专业的法律知识做支撑,收费太低与律师的付出不成正比。收费太高也不可行,它毕竟只是份法律文书。对客户来说为律师函支付律师费并不会造成多大的负担,如果律师出具律师函达到了预期的效果,那这点钱花的也值;如果没有达到预期的效果,一般情况下,客户为出具律师函支付的费用可以从律师后续代理费中抵扣。

　　出具律师函属于律师提供的非诉法律服务,律师函的收费可以参考有关非诉法律服务的收费规定。

　　根据《律师服务收费管理办法》规定律师事务所提供非诉法律服务的收费实行市场调节价,实行市场调节的律师服务收费,由律师事务所与委托人协商确定。

律师事务所与委托人协商律师服务收费应当考虑以下主要因素：

① 耗费的工作时间；

② 法律事务的难易程度；

③ 委托人的承受能力；

④ 律师可能承担的风险和责任；

⑤ 律师的社会信誉和工作水平等。

律师办理非诉业务的收费一般采取计时收费、计件收费两种方式。

各省、市一般都会有对这两种收费方式的指导意见，例如山东省律师协会于 2015 年 10 月 19 日公布的《山东省律师服务收费标准指导意见》就规定采用计时收费的，律师事务所应当向委托人公示律师每小时的收费价格，具体标准由律师事务所根据律师的服务水平、经验、工作效率、律师事务所承担的法律风险等因素，在 200 元至 4000 元之间确定，具体收费价格与委托人商定。采取计件收费的，可按照标的额确定律师费，费率根据标的额分阶段确定：500 万元以下，1%至 2%；501 万元至 1000 万元之间的部分，0.5%至 1%；1001 万元至 1 亿元之间的部分，0.3%至 0.5%；1 亿元至 10 亿元之间的部分，按 0.1%至 0.2%；10 亿元以上的部分，按 0.05%至 0.1%计算。

律师在确定律师函的收费可以参照所在省、市律师服务收费指导意见，结合案件的具体情况，确定合理的收费价格。

关于律师函的收费还有一个问题需要说明。客户会说或心里会想，你律师不就起草了两页纸吗，怎么收费这么高？如果客户有这样的疑惑一定要让他明白：(1)你看到的这两页纸只是最后的成果，过程的劳动被你忽视了；(2)律师函的威慑力,很多时候不是来自律师函内容,而是来自律师的身份,来自这是律师发出的;(3)律师花了十几年来研修法律才有今天发律师函的法律函养。

后 记

《律师函的写作与使用技巧》一书即将付梓印刷了，摆在我面前的是打印出来的厚厚的一叠书稿。看着这一摞书稿，我不禁想起了从筹划构思到成书的整个过程。它凝聚着编者对法治事业孜孜不倦的追求和为此而付出的辛勤与汗水。

2017年年中，应客户要求，为其出具一封律师函，用以催促客户偿还拖欠了近三年的欠款。在律师函起草的过程中我自然而然地想到了诉讼时效的问题，这封追索欠款的律师函所涉及的债权债务是否已超过三年的法定诉讼时效？进而又想到了律师函在整个法律诉讼中的作用是什么？出具律师函时应如何搜集固定证据？何为高质量的律师函？如何才能出具一份高质量的律师函？于是遍搜典籍却一无所获。不禁感慨目前尚无一本专门用于律师参考的律师函著作。律师函的本质是什么，内容有哪些，该如何出具？有无可遵循的操作流程？竟无一定论。只看到散布于各个网站、公众号的法律专家的一家之言！有感于此，便决定不揣鄙陋、迎难而上，组织所里同事搜集、整理、编著一本专门讲述律师函业务的专著，用作律师同仁的参考，这就是即将完成的《律师函的写作与使用技巧》一书。

本书在成书的过程中得到了康桥律师事务所的大力支持，山东省律师协会副会长、康桥律师事务所首席合伙人张巧良先生应邀审阅了全书并为之作序，且给予了较高的评价。康桥律师事务所高级合伙人孔庆刚先生、邓莉女士也应邀做本书顾问并审阅了全书，对此一并表示最衷心的谢意！

本书在成书的过程中，李晶晶律师做了大量资料搜集及整理工作,为本书的完成付出了辛勤的劳动。刘伟娜律师、康桥知识产权公司的柳彦君也提出了十分中肯的建议,可以说,本书的完成是康桥人集体智慧的结晶。

由于作者水平有限,书中不足之处在所难免,恳请专家和读者批评指正。

梁永军

2019 年 7 月 5 日

于赴京列车上